平成日本《へいせいにっぽん》の音楽《おんがく》の教科書《きょうかしょ》

HEISEI JAPANESE MUSIC TEXT BOOK

大谷能生
OTANI Yoshio

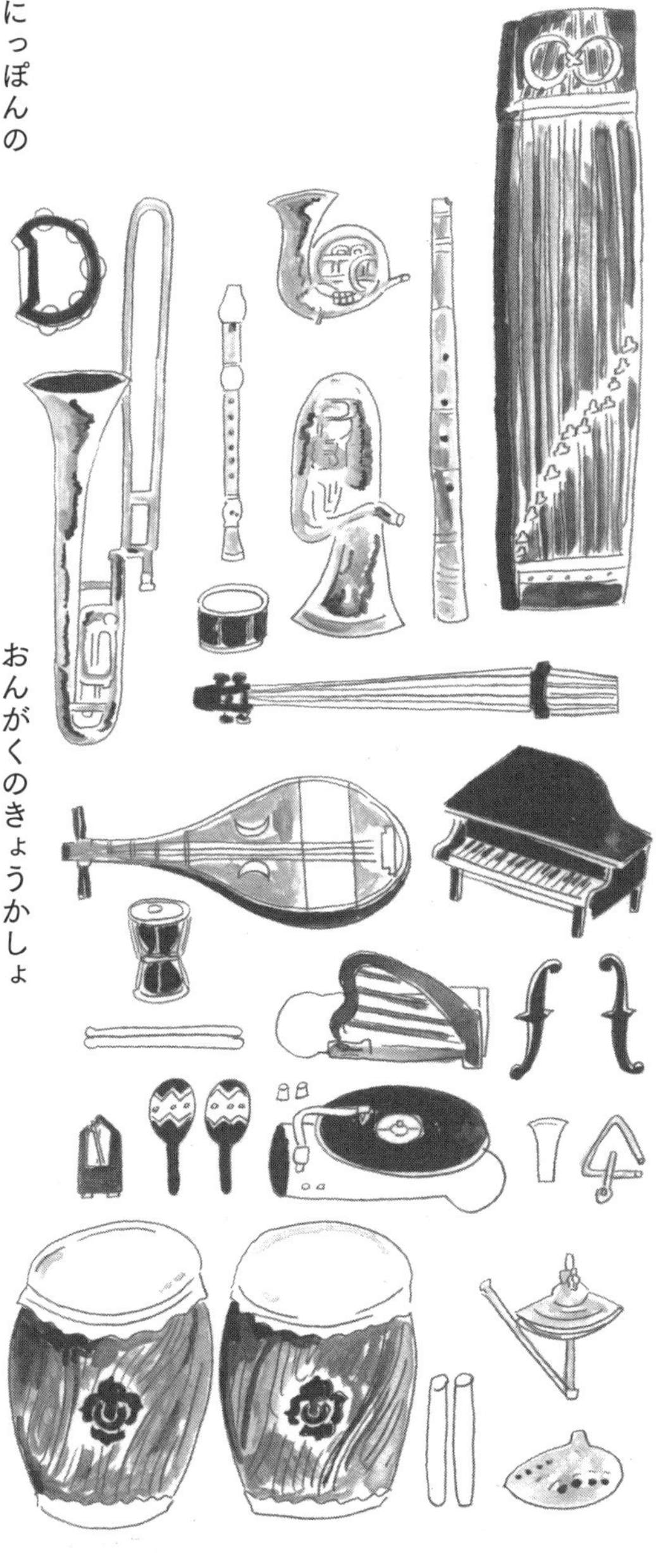

よりみちパン!セ

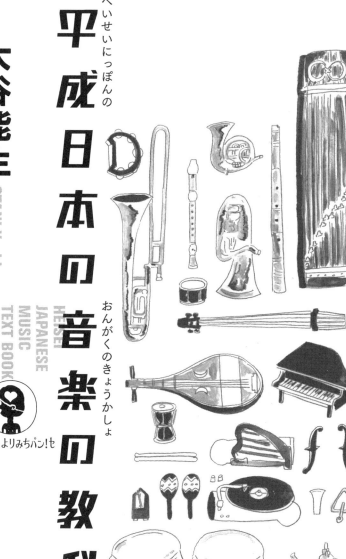

まえがき

「音楽が好き！」っていう人のなかで、「学校の音楽の授業が好き！」だったって人は、だいたいどれくらいの割合なのかな？　と、ふと思って、最初に質問してみたのは、たぶん名古屋の東海《とうかい》高校という高校に呼ばれて、ジャズについての授業を音楽室でヒトコマ、文化祭の一環としておこなったときだと思います。

著者はジャズを中心にした演奏と著述《ちょじゅつ》の仕事をしており、ちょうどその頃は、『東京大学のアルバート・アイラー』という、ジャズ史についての本を、同じくジャズ・ミュージシャンである菊地《きくち》成孔《なるよし》さんと出版したばかりで、だんだん先生の仕事が増えはじめてきたところでした。

そのとき教室にいたのは学校の生徒さんたちだけでなく、オープン・キャンパス的な取り組みってことで、一般の方もたくさん聴講していて、挙手をお願いしたのですが、ご多分にもれずごにょごにょっとした反応で、まあ、たいして重要なことじゃないので、本題に進んでそのときはこの話はこれでおしまい。そのあたりから（十年ほど前のことです）「学校の授業でちゃんといろいろ教えてれば、こうやってわざわざ、講義のマネゴトみたいなことを自分がやる必要もないのになー」と思っていたというわけです。

機会があって、今回、学校で使われている音楽の教科書を、平成三十年間の、小学校から高校までの十二年の分を全部読んでみる、という試みをしてみました。

結果、わかったのは、

①義務教育の、つまり中学までの音楽の授業をきちんと受けていれば、ギターやピアノで簡単な曲の伴奏をしたり、二部合唱をしたりといったことができるように、教科書は作られている。

②なんとなく想像していたより、いわゆるクラシックの曲を「理解」するための時間はそれほど多くなく、また、「ベートーヴェン物語」みたいな伝記の量もほどほどである。

③それよりも箏《そう》や尺八や三味線といった邦楽器の演奏や、各地のお祭りの音楽といった「伝統芸能」の教育に、平成期の音楽教育は力が入っている。

④高校に入ってからの内容は、ものすごく多様なうえに高度で、これを全部やってたら音楽に超詳しくなれる。

ということで、特に「演奏」の方面に関しては、義務教育の最中に、一生を通して自分で弾いて唄って音楽を楽しめるような題材が用意してあるんだ、ということがわかりました。実際に読んでみると、漠然と思っていたよりも全然、音楽の教科書は「自分たちの音楽」に使えるものだったというわけです。

つまり、義務教育の九年間、これ、きちんと授業さえ受けていれば、あとになってから、「イチから音楽の勉強をして楽器弾いてみたい！」などと思わずに、ギターとかピアノとかはみんな普通に、苦手意識も何にもなく弾けるんじゃない？　と思ったわけですが、見回してみると、やっぱりまだそんな感じにはなっていないようです。

この本では、おもに平成時代の音楽の教科書をたどりながら、また、随時、文部科学省の「学習指導要領」を参考にしながら、その内容を確認し、わたしたちの「音楽」と「教科書」というものがどのように関係しているのか、そして、それをどのように使えば、つまり、それをどのように教えて、あるいはどのように教われば、「音楽」を自分たちのものとして演奏したり、聴くことができるようになるのか。そんなことについて考えてみることを、ひとつの目標にしました。

学校で実際に音楽の授業を受けているひとたちに向けての「参考書」であり、先生用の「ガイドブック」であり、また、いま大人になって「音楽」を楽しく聴いている人たちに、子供時代に自分が受けた「音楽の勉強の正体」を教える……という、そんな本を目指したといってもいいかもしれません。

みんなが実際に一度は読んで、しかし、おそらく、大人になったときにはきれいさっぱり忘れてしまっているものを、ふたたび読み返してみること。そして、わたしたちがいま「音楽」を楽しむことに、このような忘却《ぼうきゃく》がどのような影響を与えているのか、ということを考えてみること。

そんなことを目論みながら、平成時代の音楽の教科書を読んでみたいと思います。まずは、小学校一年生から高校までの実際の教科書の実際のページをざっと見てみることからはじめていきましょうか。

小学校１年生

平成23年発行
教育芸術社

小学生のおんがく１

1ねん もくじ

かんしょう
おとあそびや リズムあそびを したり、おんがくを つくったり する かつどうを しめして います。
ちゃれんじ！
いっぱ すすんだ かつどうを しめして います。

◉学校で最初に勉強する「音楽」の教科書の目次です。詳しくは本文第１章で解説しますが、とにかくまず「みんなでたのしく」一緒に唄ったり、動いたりするところから音楽の授業はスタートします。器楽として「鍵盤ハーモニカ」がまず登場。ドレミの調律と「拍」の存在を身体で覚えさせるということで、ここで教える「音楽」は100パーセント「西洋音楽」です。「こころのうた（きょうつうきょうざい）」という題材については、同様に本文第１章で。

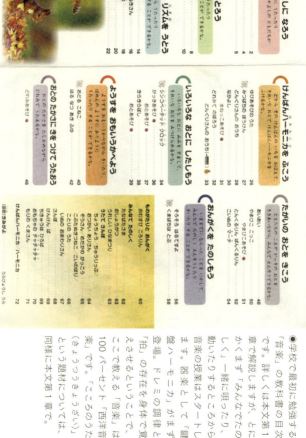

小学校２年生

平成23年発行
教育芸術社

小学生の音楽２

◉「拍を捉える」ための教材の代表です。合唱でも合奏でも、まずは先生の指揮に従って、「一緒のリズム」で動くことができなければ、西洋音楽は演奏することはかないません。小学校低学年ではこうした、いわゆる「イン・テンポ」の状態を作り出す課題が多くみられます。「五線譜」は１年生の教科書からすでに掲載されていますが、ここでは「拍子」を意識させるために、休符や八分音符やブレスの位置といった要素がおりまぜられた曲が選ばれているようです。

小学校3年生

平成26年発行
教育芸術社　小学生の音楽3

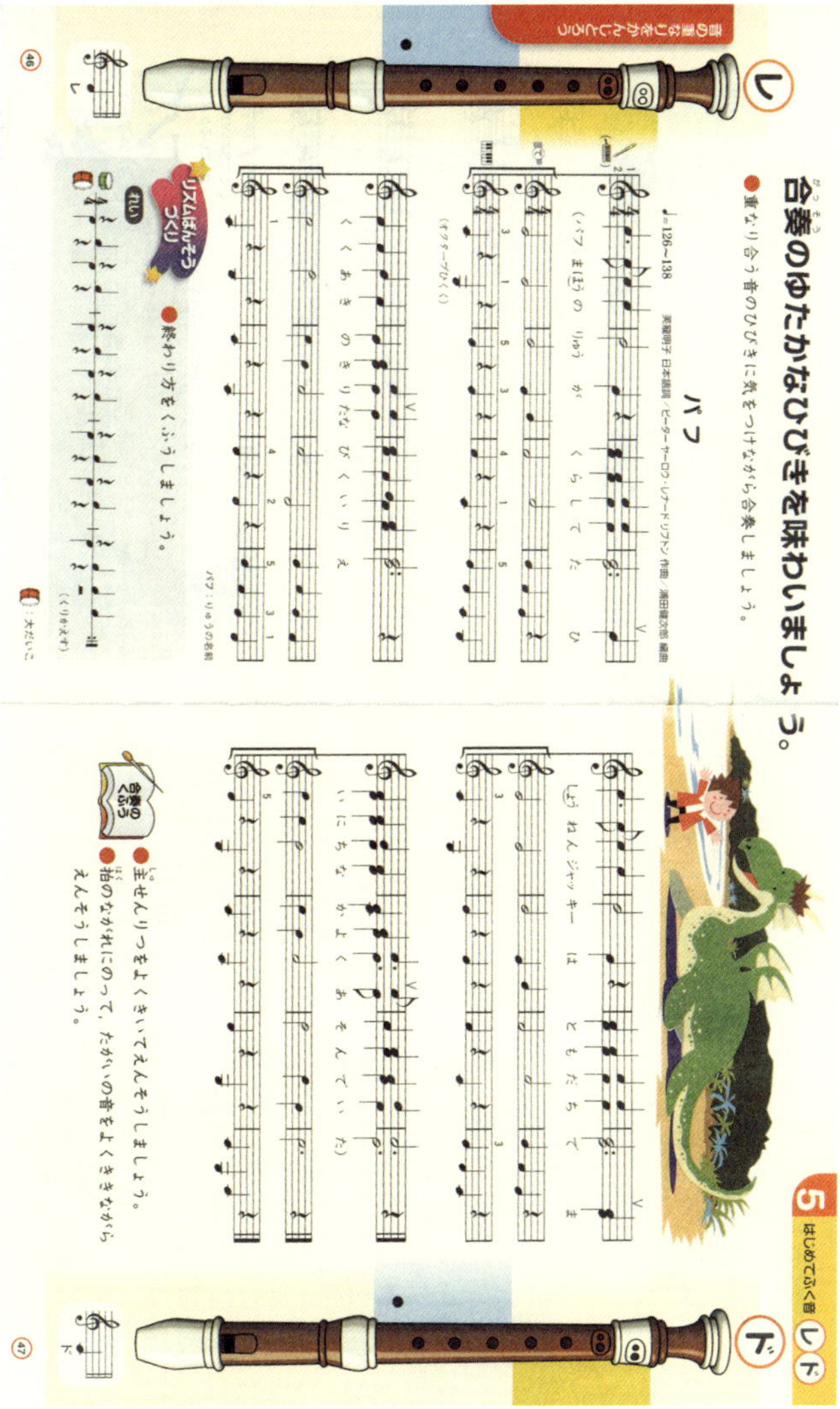

合奏のゆたかなひびきを味わいましょう。
重なり合う音のひびきに気をつけながら合奏しましょう。

音の重なりをかんじとろう
リズムばんそうづくり
終わり方をくふうしましょう。
5 はじめてふく音 レ ド
合奏のくふう
主せんりつをよくきいてえんそうしましょう。
拍のながれにのって、たがいの音をよくききながらえんそうしましょう。

◉教科書で教わる器楽の代表選手、ソプラノ・リコーダーの登場です。ここでの教材はアメリカン・カレッジ・フォークの名曲「パフ」。リコーダー演奏の習得にあわせて、五線譜を階名で唄う教育も本格的にはじまります。合奏のために木琴や鉄琴なども導入されて、「パフ」はすでに四重奏で演奏できる楽譜ですね。小学校の教育ではハーモニーは、合唱よりもむしろ器楽で理解させる課題として扱われています。

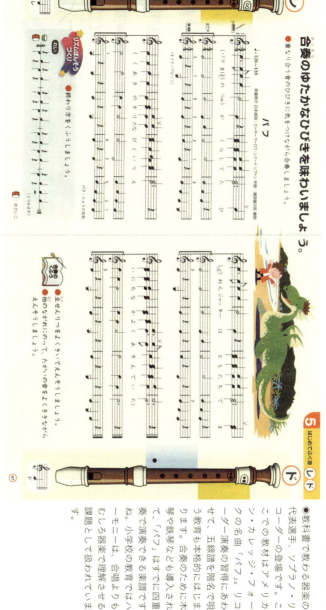

小学校４年生

平成26年発行
教育芸術社　**小学生の音楽４**

楽譜を見ながらえんそうしましょう。
●音の高さやリズムに気をつけながら、歌詞や階名で歌いましょう。
●重なり合うひびきを感じながらえんそうしましょう。
歌のにじ
せんりつづくり
●例（——）のように、左から順に音をえらんで□のところのせんりつをつくりましょう。
●つくったせんりつを階名で歌ったり、歌に合わせてふいたりしましょう。

●このあたりの学年の前後から、生徒たちがすでに「楽譜を読める」ことを前提とした課題が教科書の大半を占めるようになります。「創作」の課題もドレミで考えます。と同時に、「日本の音楽に親しもう」というタイトルで、まずは「日本各地に伝えられている郷土の音楽」を教える教育があらわれます。「民謡」を五線譜で記譜した教材もあり、平成期の音楽は「邦楽」にかなりの時間が割かれています。

小学校5年生

平成22年発行
東京書籍

新編　新しい音楽5

◉本文でも解説しましたが、義務教育においては、平成期に入ってもいわゆる「J-POP」を教材として取り上げている教科書は基本的にありません。歌唱教材は外国曲(に邦訳をつけたもの)と、教科書用に作ったと思われるオリジナル楽曲がほとんどです。例外のひとつがこれ、中島みゆきの「ヘッドライト・テールライト」。「セリフと演奏を組み合わせた音楽劇を作る」という課題のフィナーレに合唱する曲の例として選ばれています。

小学校６年生

平成27年発行
教育芸術社　**小学生の音楽６**

こころのうた

越天楽今様《えてんらくいまよう》

「越天楽今様」は，雅楽《ががく》「越天楽」の旋律《せんりつ》に歌詞が付けられたものです。「今様」とは平安時代半ばから鎌倉《かまくら》時代初期にかけて流行した歌のことで，多くの人々に広く親しまれました。当時とても人気があった「越天楽」の旋律には，この「越天楽今様」のほかにも，さまざまな歌詞が付けられました。

６　日本と世界の音楽に親しもう

日本に古くから伝わる歌の特徴《とくちょう》を感じ取って歌いましょう。

♩=76〜84　慈鎮和尚 作歌／日本古謡

一、春のやよいの　あけぼのに
よもの山辺を　見わたせば
花ざかりかも　白雲《しらくも》の
かからぬみねこそ　なかりけれ

意味
春三月の　明け方に
四方の山の辺りを　ながめると
花ざかりの桜が　白い雲のように
すべてのみねに　かかっている

二、花たちばなも　におうなり
のきのあやめも　かおるなり
夕ぐれ様の　さみだれに
山ほととぎす　名のるなり

意味
たちばなの花が　におっている
のきにかざったあやめも　かおっている
五月雨で　夕方のように暗くなった中を
ほととぎすが　鳴いている

［やよい］旧暦の三月のことで，今の四月ごろ。
［さみだれ］今の六月ごろの長雨。梅雨。

雅楽をききましょう。

▶日本に昔から伝わっている楽器の音色を味わいながらききましょう。

きこう！　雅楽「越天楽」から　日本古曲

雅楽は，約1300年ほどの歴史をもつ日本の伝統音楽です。５〜９世紀ごろにアジア各地から伝えられ，しだいに日本独自の音楽として整えられました。「越天楽」は，雅楽の中で最もよく知られた曲の一つで，管楽器，弦《げん》楽器，打楽器によって演奏されます。

平安時代，貴族《きぞく》たちは宮廷《きゅうてい》の行事だけでなく，成人式やお花見など，さまざまな機会に雅楽の合奏を楽しんでいました。

雅楽「越天楽」の演奏

40　41

◉「こころのうた」＝「古くから歌いつがれ、これからも歌いついでいきたい歌」として、六年生の教科書には雅楽の「越天楽今様」が（なんと）「歌唱」教材として掲載されています。指導要領でこれが「必須」のものとして指定されているんですよ！　この教科書には掲載されていませんが、鍵盤ハーモニカによる非機能的な和声が伴奏として掲載されているものもありました。また、５〜６年生からはクラシック音楽を「鑑賞」する課題が本格的にはじまります。

中学校1年生

中学音楽1　音楽のおくりもの

平成25年発行
教育出版

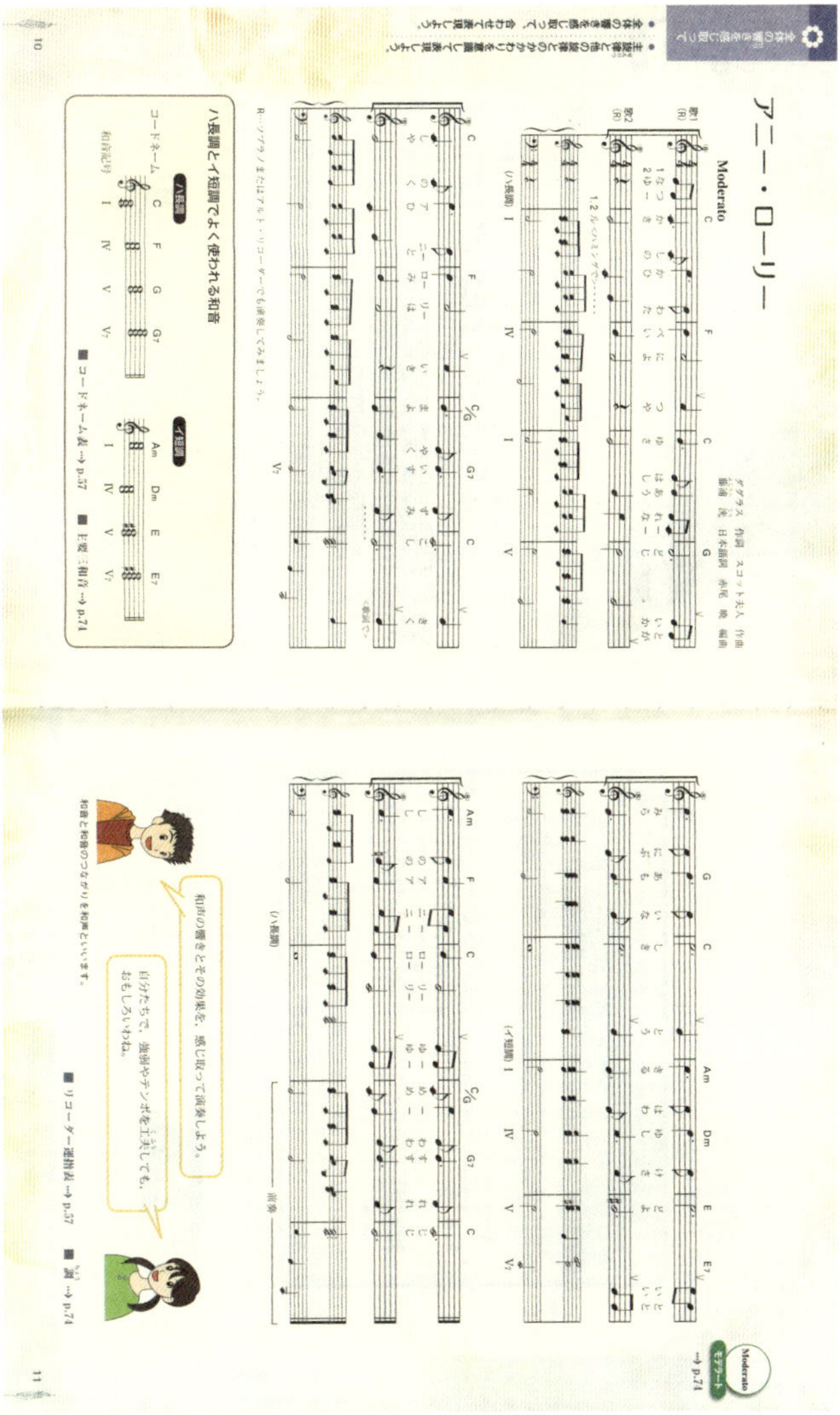

◉中学生の教科書です。「アニー・ローリー」の譜面には調性、コードネーム、主要三和音、並行調転調といった要素が織り込まれています。平成期の授業は、いわゆる「音楽理論」的な知識を独立して覚えさせるような課題はなく、すべてこのように歌や器楽と結びつけたかたちで提示していきます。ここからどれくらい突っ込んだ内容を教えるかは先生の判断次第というところでしょうか。

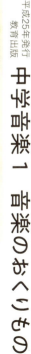

中学校２・３年生

平成27年発行
教育芸術社

中学生の音楽２・３上

◉中学の教科書は「１」および上下の２巻に分かれた「２・３」、そして「器楽」という構成になっています。このあたりになると先生用の伴奏ピアノも大分手の込んだものになってきています。この教材では表現記号を勉強することがメイン。学校教育の音楽では全体的に、歌唱も器楽も「表現」に関する指導が多いように思います。

中学生の音楽2・3下

平成30年発行
教育芸術社

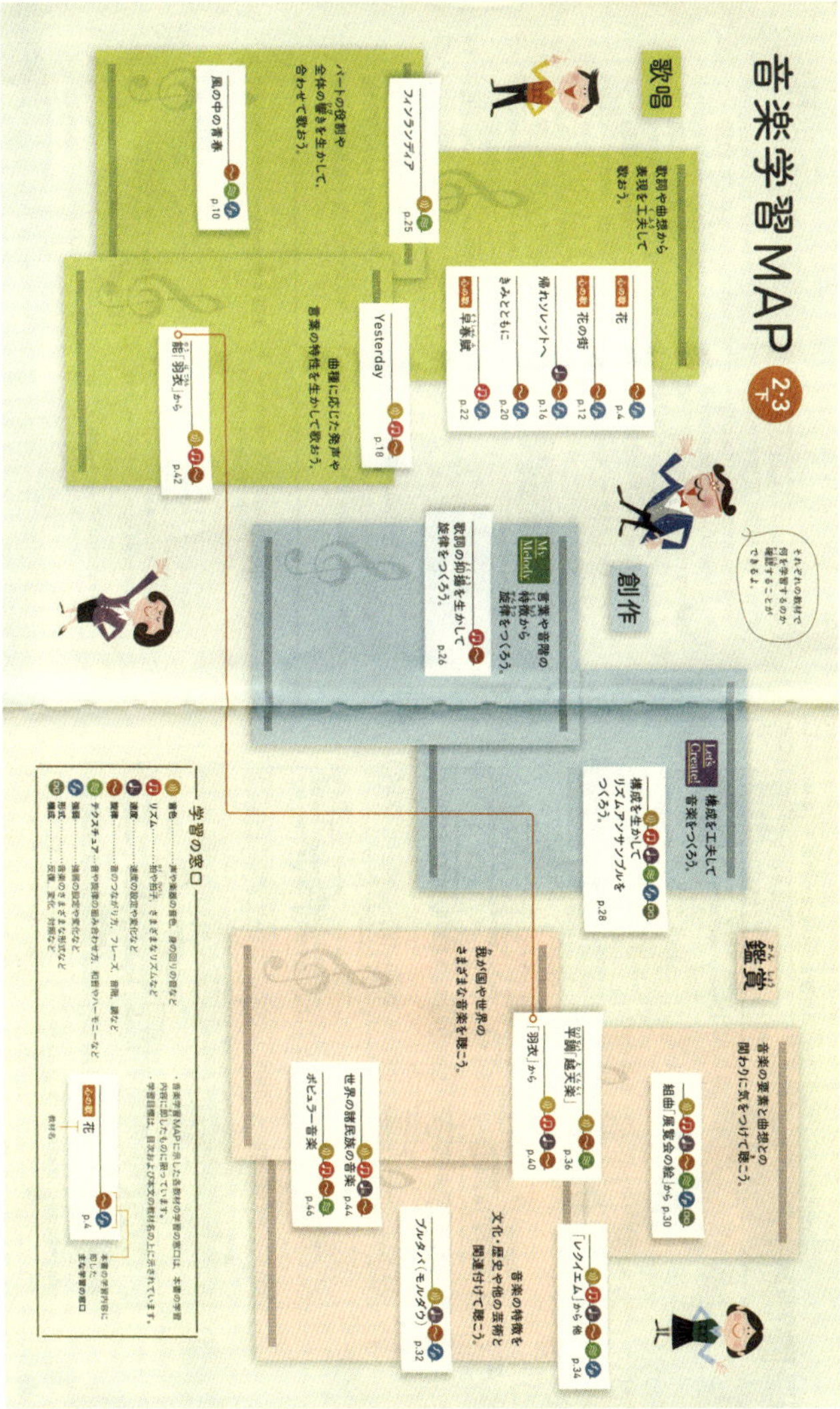

◉目次のページです。中学の授業はこのように「歌唱」と「創作」、および「鑑賞」という括りで分かれています。その三つを「学習の窓口」として示されている七つの「共通教材」でつなぎながら進めてゆくという考え方ですね。よくみると「ポピュラー音楽」という課題があるのが分かります。いわゆるポップスがこの教科書のなかで出てくるのはここだけ。「世界の諸民族の音楽」と同じ箱に入れられているところにも注目してください。

中学校2・3年生

平成30年発行
教育出版

中学音楽 音楽のおくりもの2・3上

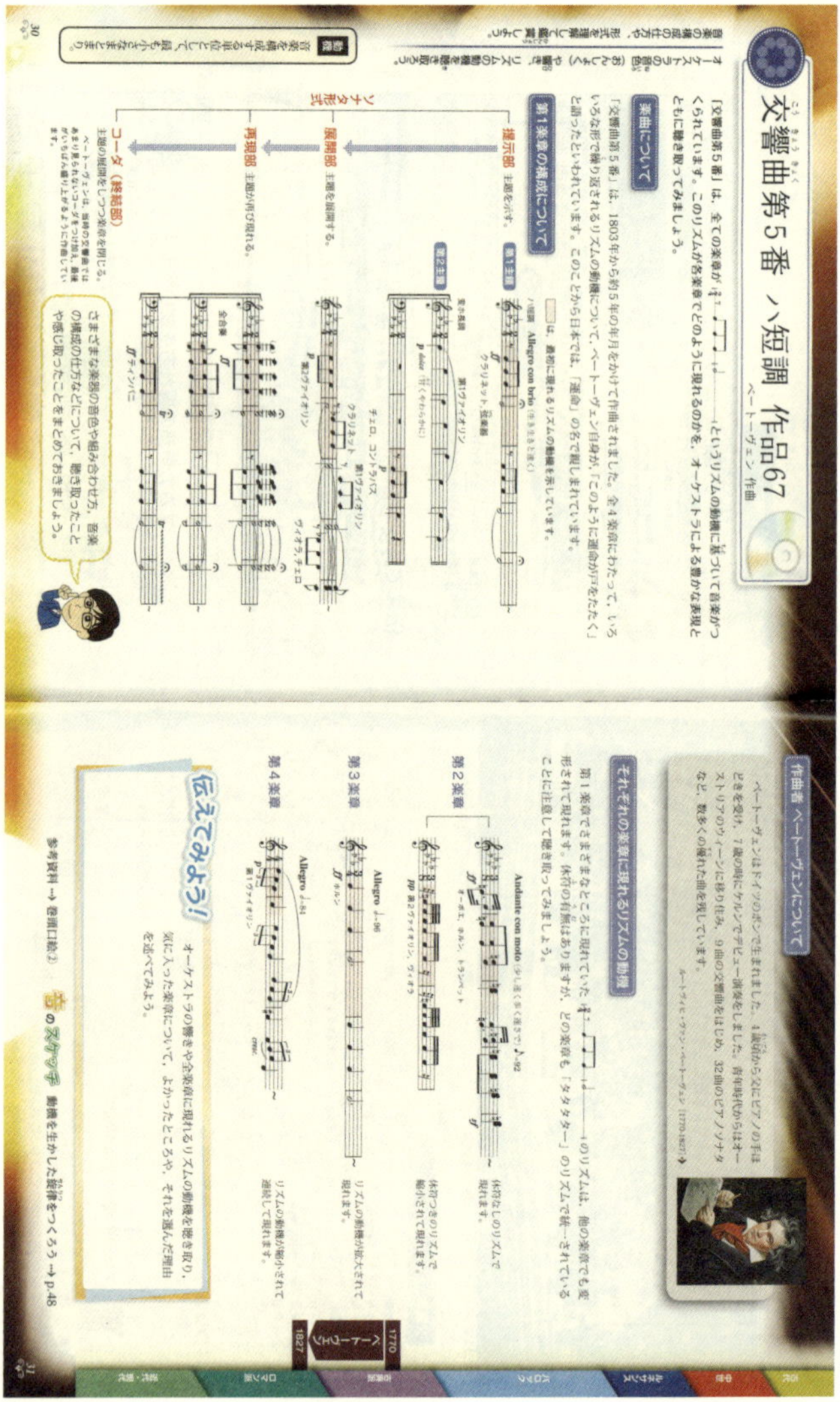

◉いわゆる「ジャジャジャジャーン!」の「運命」を「鑑賞」します。交響曲の主題、動機、展開などを聞き取る、いわゆる「音楽の形式」に関する勉強は、昭和期からずっと教科書の課題の王道でした。しかし、平成期にはその割合が減って、ほとんどの教科書でこのように、だいたい見開き一枚ぐらいに圧縮されて掲載されています。とりあえずとおして全部聞くだけで授業一単元が終わっちゃう「交響曲」の授業が、現在、どんなかたちで現場で教えられているのか気になるところです。

中学校(器楽)

中学生の器楽

平成22年発行
教育芸術社

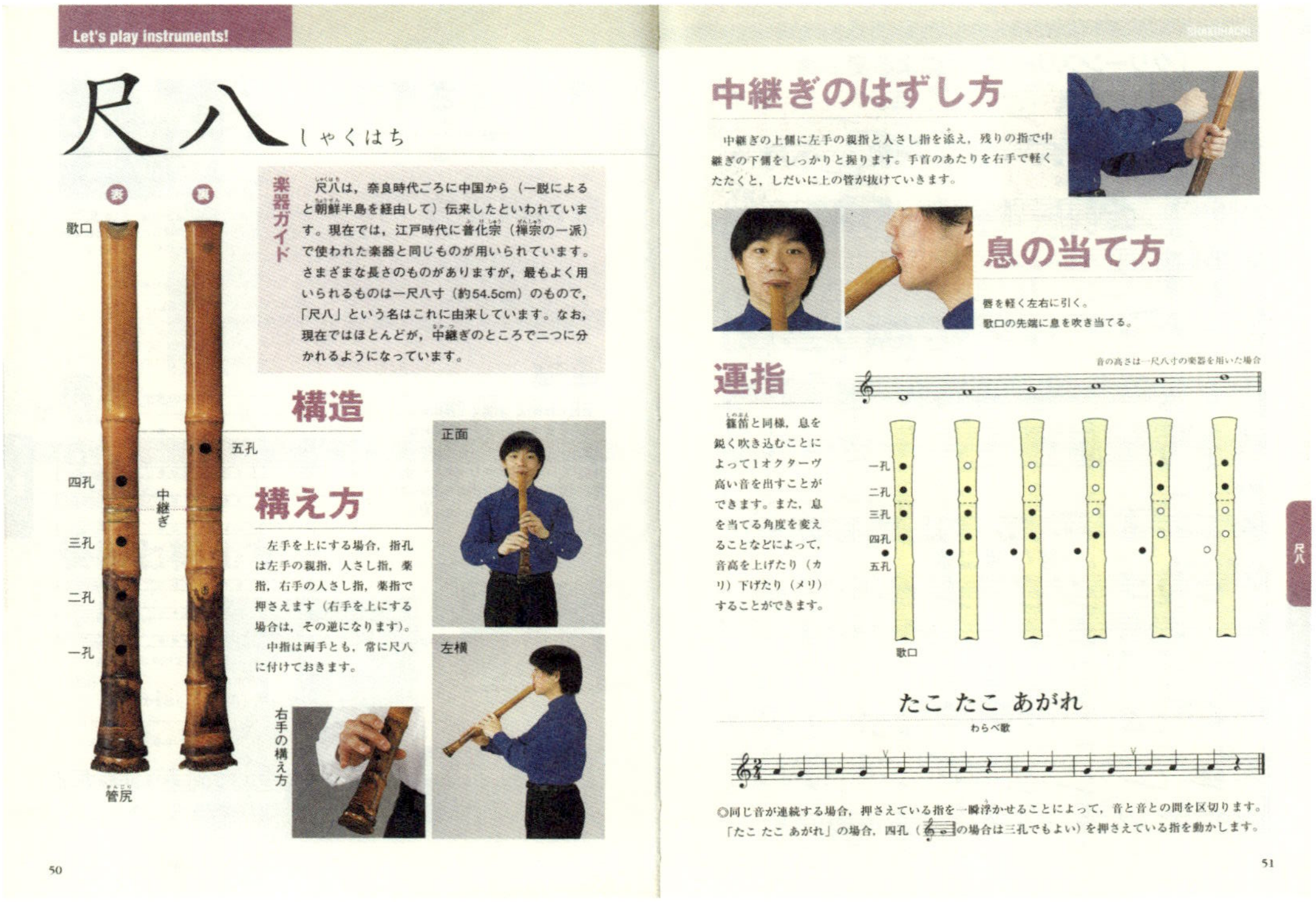
Let's play instruments!

尺八 しゃくはち

楽器ガイド
尺八《しゃくはち》は，奈良時代ごろに中国から（一説によると朝鮮《ちょうせん》半島を経由して）伝来したといわれています。現在では，江戸時代に普化宗《ふけしゅう》（禅宗《ぜんしゅう》の一派）で使われた楽器と同じものが用いられています。さまざまな長さのものがありますが，最もよく用いられるものは一尺八寸（約54.5cm）のもので，「尺八」という名はこれに由来しています。なお，現在ではほとんどが，中継《なかつ》ぎのところで二つに分かれるようになっています。

構造

表 裏 歌口 四孔 三孔 二孔 一孔 五孔 中継ぎ 管尻《かんじり》

構え方

左手を上にする場合，指孔は左手の親指，人さし指，薬指，右手の人さし指，薬指で押さえます（右手を上にする場合は，その逆になります）。
中指は両手とも，常に尺八に付けておきます。

正面 左横 右手の構え方

中継ぎのはずし方

中継ぎの上側に左手の親指と人さし指を添え，残りの指で中継ぎの下側をしっかりと握ります。手首のあたりを右手で軽くたたくと，しだいに上の管が抜けていきます。

息の当て方

唇を軽く左右に引く。
歌口の先端に息を吹き当てる。

運指

篠笛《しのぶえ》と同様，息を鋭く吹き込むことによって1オクターヴ高い音を出すことができます。また，息を当てる角度を変えることなどによって，音高を上げたり（カリ）下げたり（メリ）することができます。

音の高さは一尺八寸の楽器を用いた場合

一孔 二孔 三孔 四孔 五孔 歌口

たこ たこ あがれ
わらべ歌

◎同じ音が連続する場合，押さえている指を一瞬浮かせることによって，音と音との間を区切ります。「たこ たこ あがれ」の場合，四孔（　の場合は三孔でもよい）を押さえている指を動かします。

50 51

尺八

●平成時代の中学音楽の授業の最大の特徴は、箏や尺八といった邦楽の器楽の演奏法を習うことが必修となったことです。これは尺八のページ。教科書によっては、リコーダーやギターより邦楽器の学習ページが先におかれているものもあります。太鼓の演奏法だけで4ページあったりとか。音楽史の教え方も、日本と西洋を並行させて学ぶことになっており、ヘンデルと同時代の音楽として「常盤津節」（ときわづぶし）の成立が取り上げられていたりとか。

中学校（器楽）

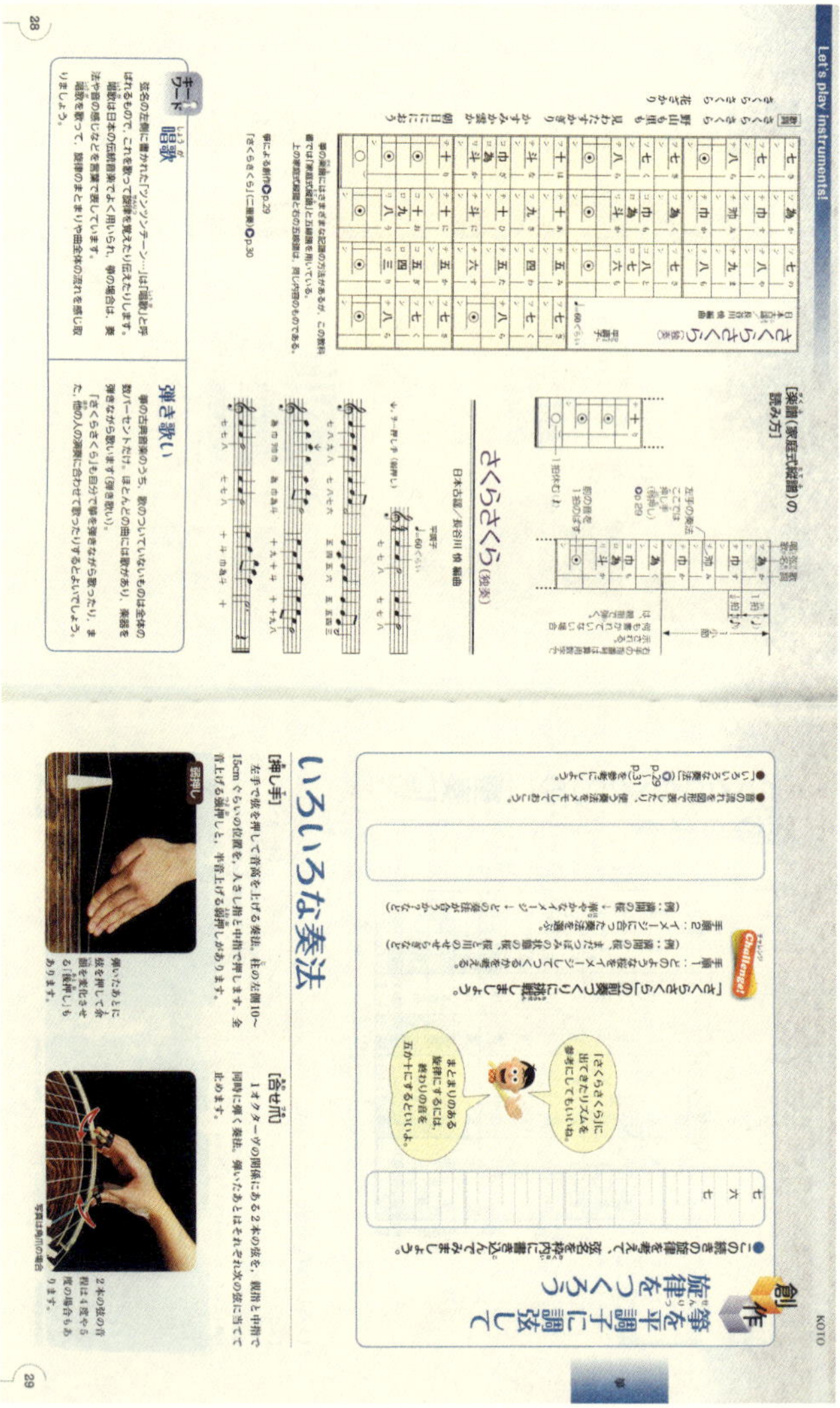

平成26年発行
教育芸術社

中学生の器楽

◉同じく「器楽」教科書から。筝の演奏方法のページで、調弦、奏法、旋律の作り方などなど、かなり具体的な教材となっています。なんと、漢字で書かれたいわゆる「縦譜」も掲載されている。これって大学まで主にピアノや声楽などをやってきた先生たちも教えられるものなんでしょうか。大変です。明治期のことを考えても明らかなように、全国の学校であらたに楽器を購入して準備しなくちゃならないんだから、あたらしい音楽教育は本格的にやるとなると一大産業です。

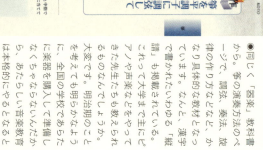

高校生

平成24年発行
音楽之友社

高校生の音楽１　改訂新版

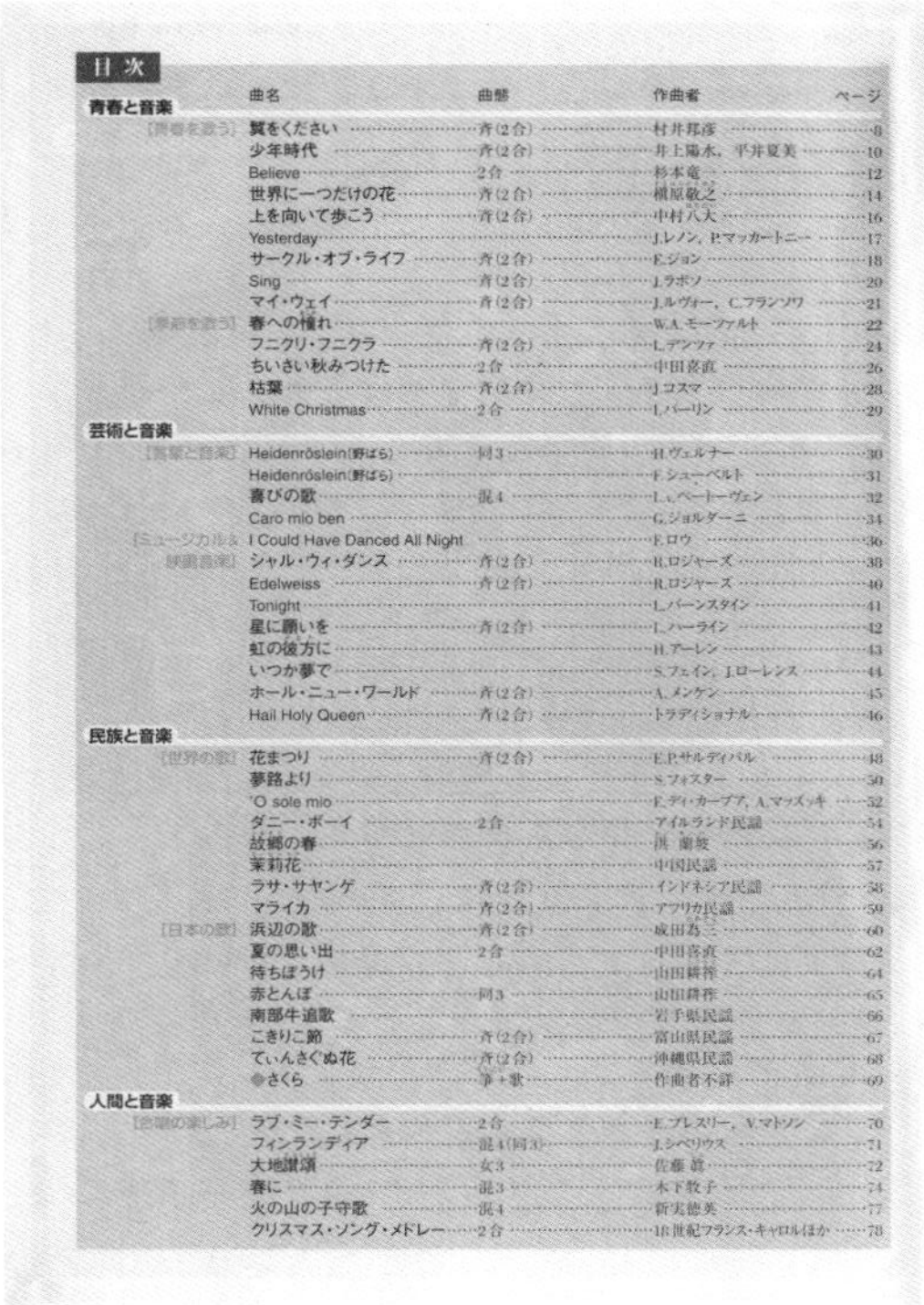

目次

	曲名	曲態	作曲者	ページ
青春と音楽				
［青春を歌う］	翼をください	斉（2合）	村井邦彦	8
	少年時代	斉（2合）	井上陽水、平井夏美	10
	Believe	2合	杉本竜一	12
	世界に一つだけの花	斉（2合）	槇原敬之	14
	上を向いて歩こう	斉（2合）	中村八大	16
	Yesterday		J.レノン、P.マッカートニー	17
	サークル・オブ・ライフ	斉（2合）	E.ジョン	18
	Sing	斉（2合）	J.ラポソ	20
	マイ・ウェイ	斉（2合）	J.ルヴォー、C.フランソワ	21
［季節を歌う］	春への憧れ		W.A.モーツァルト	22
	フニクリ・フニクラ	斉（2合）	L.デンツァ	24
	ちいさい秋みつけた	2合	中田喜直	26
	枯葉	斉（2合）	J.コスマ	28
	White Christmas	2合	I.バーリン	29
芸術と音楽				
［言葉と音楽］	Heidenröslein（野ばら）	同3	H.ヴェルナー	30
	Heidenröslein（野ばら）		F.シューベルト	31
	喜びの歌	混4	L.v.ベートーヴェン	32
	Caro mio ben		G.ジョルダーニ	34
［ミュージカル&映画音楽］	I Could Have Danced All Night		F.ロウ	36
	シャル・ウィ・ダンス	斉（2合）	R.ロジャーズ	38
	Edelweiss	斉（2合）	R.ロジャーズ	40
	Tonight		L.バーンスタイン	41
	星に願いを	斉（2合）	L.ハーライン	42
	虹の彼方に		H.アーレン	43
	いつか夢で		S.フェイン、J.ローレンス	44
	ホール・ニュー・ワールド	斉（2合）	A.メンケン	45
	Hail Holy Queen	斉（2合）	トラディショナル	46
民族と音楽				
［世界の歌］	花まつり	斉（2合）	E.P.サルディバル	48
	夢路より		S.フォスター	50
	'O sole mio		E.ディ・カープア、A.マッズッキ	52
	ダニー・ボーイ	2合	アイルランド民謡	54
	故郷の春		洪　蘭坡	56
	茉莉花		中国民謡	57
	ラサ・サヤンゲ	斉（2合）	インドネシア民謡	58
	マライカ	斉（2合）	アフリカ民謡	59
［日本の歌］	浜辺の歌	斉（2合）	成田為三	60
	夏の思い出	2合	中田喜直	62
	待ちぼうけ		山田耕筰	64
	赤とんぼ	同3	山田耕筰	65
	南部牛追歌		岩手県民謡	66
	こきりこ節	斉（2合）	富山県民謡	67
	てぃんさぐぬ花	斉（2合）	沖縄県民謡	68
	◈さくら	箏＋歌	作曲者不詳	69
人間と音楽				
［合唱の楽しみ］	ラブ・ミー・テンダー	2合	E.プレスリー、V.マトソン	70
	フィンランディア	混4（同3）	J.シベリウス	71
	大地讃頌	女3	佐藤　眞	72
	春に	混3	木下牧子	74
	火の山の子守歌	混4	新実徳英	77
	クリスマス・ソング・メドレー	2合	18世紀フランス・キャロルほか	78

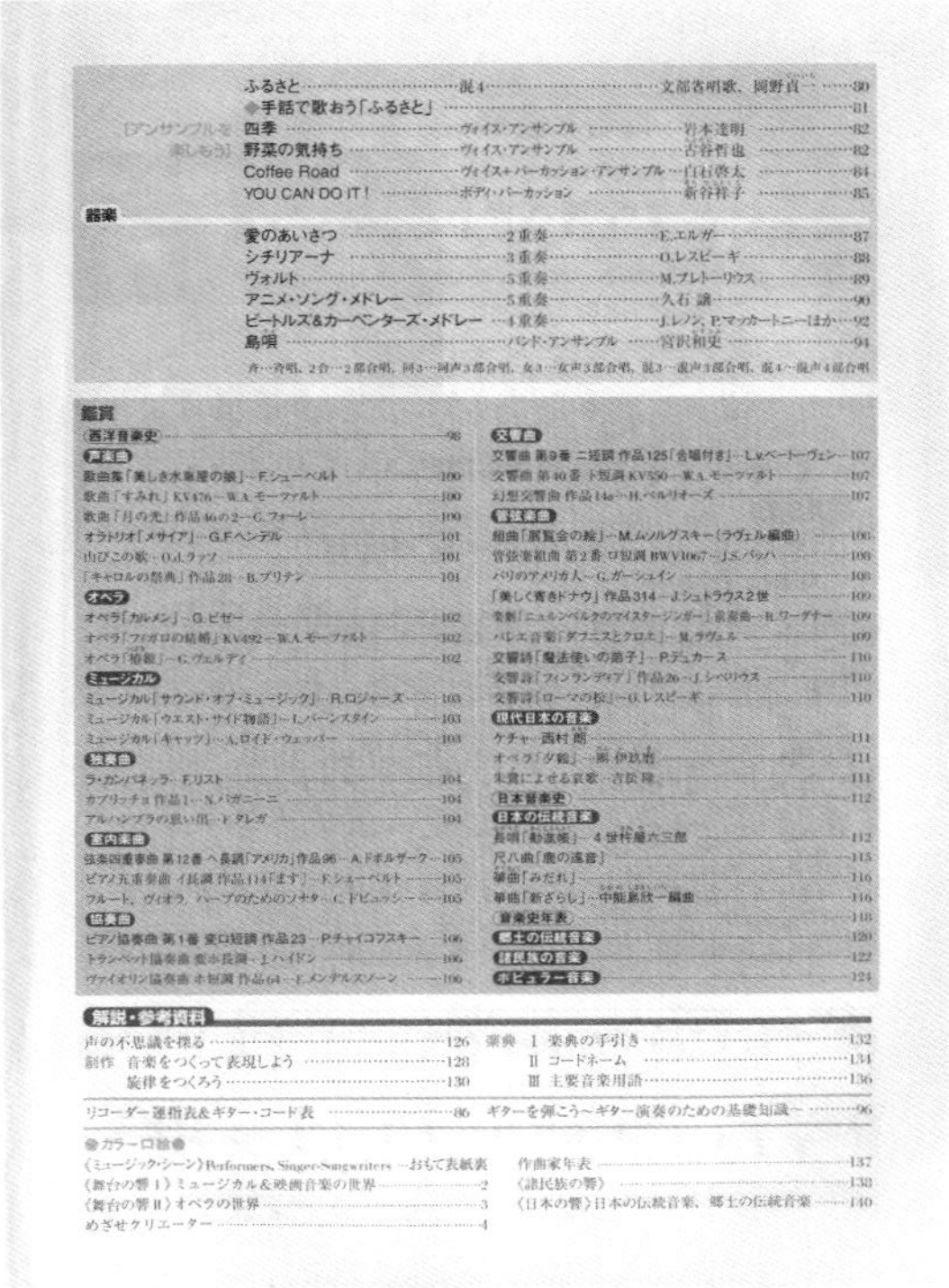

	曲名	曲態	作曲者	ページ
	ふるさと	混4	文部省唱歌、岡野貞一	80
	◈手話で歌おう「ふるさと」			81
［アンサンブルを楽しもう］	四季	ヴォイス・アンサンブル	岩本達明	82
	野菜の気持ち	ヴォイス・アンサンブル	古谷哲也	82
	Coffee Road	ヴォイス＋パーカッション・アンサンブル	白石啓太	84
	YOU CAN DO IT！	ボディ・パーカッション	新谷祥子	85
器楽				
	愛のあいさつ	2重奏	E.エルガー	87
	シチリアーナ	3重奏	O.レスピーギ	88
	ヴォルト	5重奏	M.プレトーリウス	89
	アニメ・ソング・メドレー	5重奏	久石　譲	90
	ビートルズ&カーペンターズ・メドレー	4重奏	J.レノン、P.マッカートニーほか	92
	島唄	バンド・アンサンブル	宮沢和史	94

斉…斉唱、2合…2部合唱、同3…同声3部合唱、女3…女声3部合唱、混3…混声3部合唱、混4…混声4部合唱

鑑賞

西洋音楽史……96

声楽曲
- 歌曲集「美しき水車屋の娘」…F.シューベルト……100
- 歌曲「すみれ」KV476…W.A.モーツァルト……100
- 歌曲「月の光」作品46の2…G.フォーレ……100
- オラトリオ「メサイア」…G.F.ヘンデル……101
- 山びこの歌…O.d.ラッソ……101
- 「キャロルの祭典」作品28…B.ブリテン……101

オペラ
- オペラ「カルメン」…G.ビゼー……102
- オペラ「フィガロの結婚」KV492…W.A.モーツァルト……102
- オペラ「椿姫」…G.ヴェルディ……102

ミュージカル
- ミュージカル「サウンド・オブ・ミュージック」…R.ロジャーズ……103
- ミュージカル「ウエスト・サイド物語」…L.バーンスタイン……103
- ミュージカル「キャッツ」…A.ロイド・ウェッバー……103

独奏曲
- ラ・カンパネッラ…F.リスト……104
- カプリッチョ 作品1…N.パガニーニ……104
- アルハンブラの思い出…F.タレガ……104

室内楽曲
- 弦楽四重奏曲 第12番 ヘ長調「アメリカ」作品96…A.ドボルザーク……105
- ピアノ五重奏曲 イ長調 作品114「ます」…F.シューベルト……105
- フルート、ヴィオラ、ハープのためのソナタ…C.ドビュッシー……105

協奏曲
- ピアノ協奏曲 第1番 変ロ短調 作品23…P.チャイコフスキー……106
- トランペット協奏曲 変ホ長調…J.ハイドン……106
- ヴァイオリン協奏曲 ホ短調 作品64…F.メンデルスゾーン……106

交響曲
- 交響曲 第9番 ニ短調 作品125「合唱付き」…L.v.ベートーヴェン……107
- 交響曲 第40番 ト短調 KV550…W.A.モーツァルト……107
- 幻想交響曲 作品14a…H.ベルリオーズ……107

管弦楽曲
- 組曲「展覧会の絵」…M.ムソルグスキー（ラヴェル編曲）……108
- 管弦楽組曲 第2番 ロ短調 BWV1067…J.S.バッハ……108
- パリのアメリカ人…G.ガーシュイン……108
- 「美しく青きドナウ」作品314…J.シュトラウス2世……109
- 楽劇「ニュルンベルクのマイスタージンガー」前奏曲…R.ワーグナー……109
- バレエ音楽「ダフニスとクロエ」…M.ラヴェル……109
- 交響詩「魔法使いの弟子」…P.デュカース……110
- 交響詩「フィンランディア」作品26…J.シベリウス……110
- 交響詩「ローマの松」…O.レスピーギ……110

現代日本の音楽
- ケチャ…西村 朗……111
- オペラ「夕鶴」…團 伊玖磨……111
- 朱鷺によせる哀歌…吉松 隆……111

日本音楽史……112

日本の伝統音楽
- 長唄「勧進帳」…4世杵屋六三郎……112
- 尺八曲「鹿の遠音」……115
- 箏曲「みだれ」……116
- 箏曲「新ざらし」…中能島欣一編曲……116

音楽史年表……118

郷土の伝統音楽……120

諸民族の音楽……122

ポピュラー音楽……124

解説・参考資料

- 声の不思議を探る……126
- 創作　音楽をつくって表現しよう……128
- 　　　旋律をつくろう……130
- 楽典　I　楽典の手引き……132
- 　　　II　コードネーム……134
- 　　　III　主要音楽用語……136

- リコーダー運指表&ギター・コード表……86
- ギターを弾こう～ギター演奏のための基礎知識～……96

◈カラー口絵◈
- 〈ミュージック・シーン〉Performers, Singer-Songwriters…おもて表紙裏
- 〈舞台の響 I〉ミュージカル&映画音楽の世界……2
- 〈舞台の響 II〉オペラの世界……3
- めざせクリエーター……4
- 作曲家年表……137
- 〈諸民族の響〉……138
- 〈日本の響〉日本の伝統音楽、郷土の伝統音楽……140

◉いよいよ高校に入り、音楽は選択科目のひとつという扱いになります。専門性が高まるということで、この教材量を見よ！　１年どころか３年かけても全部はさらえない分量だと思います。なので、ここから生徒と教師が選んでカリキュラムを組むという授業の進め方になるのでしょう。J-POPからの曲も多数掲載されています。

高校生

平成30年発行
教育出版

高校音楽1 改訂版 Music View

◉各国の音楽に関する教材も、高校に入ると格段に詳細になってきます。これはケチャと韓国の「動動」をベーシックにした楽曲を実演！するための譜面ですね。その他、アジアから南米まで世界各地の音楽を「鑑賞」するための指導のページが用意されているのですが、教科書には音源が付属していないため、実際の録音物は教師がそれぞれ用意しなくてはならない。このあたり、忙しい先生方にはなかなか難しいところではないかと思います。

高校生

平成27年発行 教育芸術社
MOUSA 高等学校芸術科音楽II

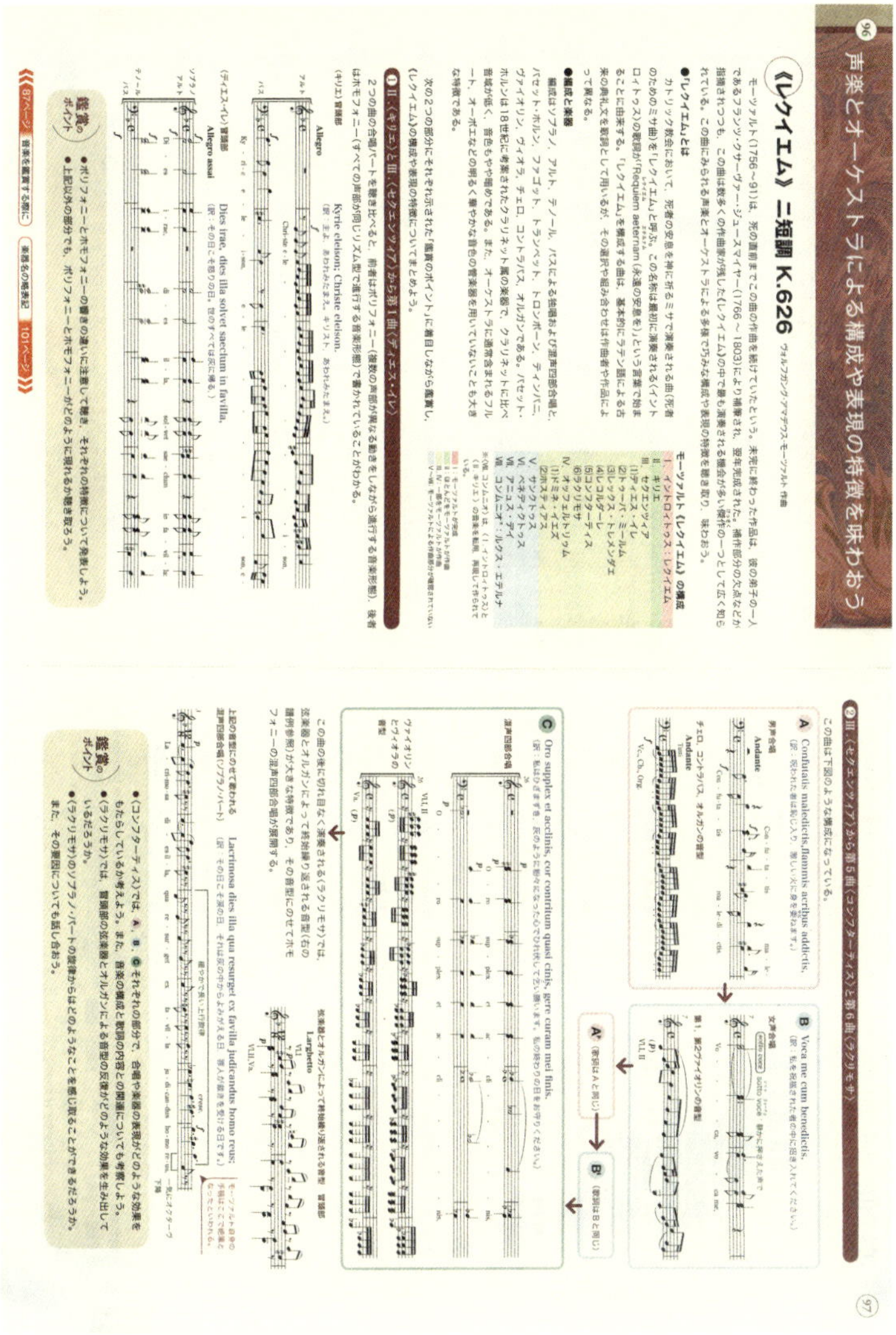

◉一方、オーケストラを分析的に聞く教材もしっかりと掲載されています。西洋音楽の流れを「鑑賞」によって理解させるために用意されているこのようなページは、平均して教科書全体の10分の1くらいの量でしょうか。けっしてメインの扱いとは言えませんが、ジョン・ケージなどの現代音楽まで、高校の教科書だけで十分にその「芸術」としての歴史を辿ることのできる内容にはなっています。

高校生

Joy of Music　高等学校芸術科音楽3

平成29年発行
教育芸術社

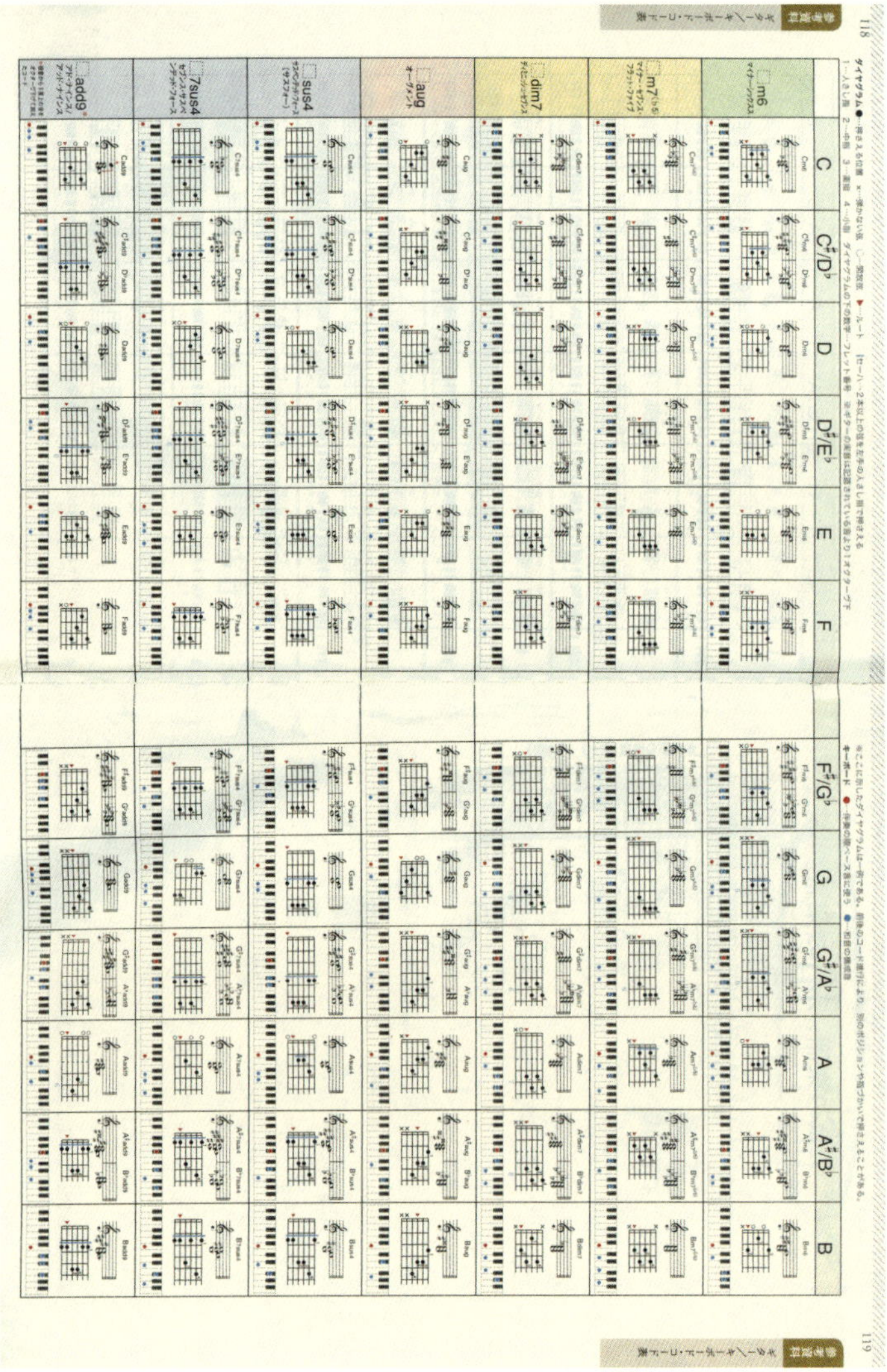

◉コードネームの読み方と、ギターおよび鍵盤でその音を示したダイアグラムも、高校の教科書には掲載されています。教材というよりも資料ですが、こういった資料を上手くその他の教材と結びつけて、「自分で演奏する音楽」と「歴史上の音楽」との接点を見つけてゆくことが、高校の音楽の授業を充実した内容でおこなうポイントになってきます。

目　次

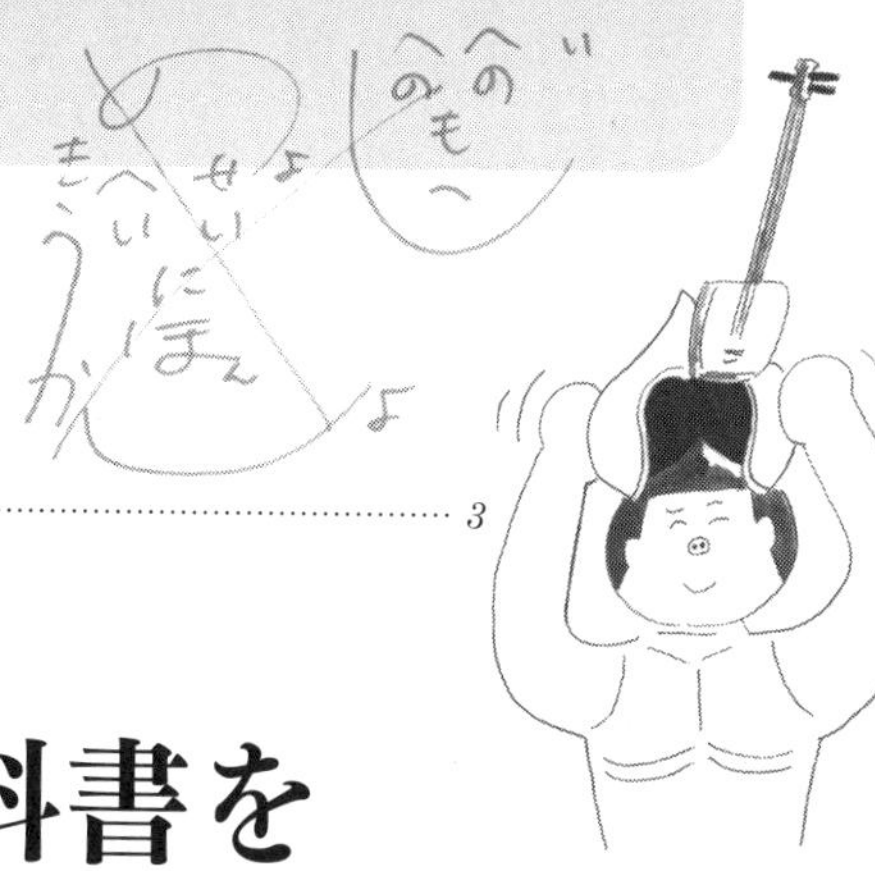

イントロダクション

音楽の教科書を読んでみる

第1章

小学校のおんがくの教科書

第2章

中学校の音楽の教科書 130

平成日本の音楽の教科書

イントロダクション
音楽の教科書を読んでみる

なぜ読むのか

「平成日本の音楽の教科書」と、あらためてこの本のタイトルを書いてみて、あれ、これではもしかして、**「この本一冊で、ここ三十年の音楽業界のルールが分かる！」**とか、あるいは、**「平成にヒットしたサウンドを成り立たせている音楽理論を解析する！」**みたいな内容の本だと思う方もいらっしゃるんじゃないか、ということに気がつきました。

コトバのどこに重心を置くかで意味が若干変わってしまうわけですが、この本は、「平成日本」「の」「音楽の教科書」ということで、平成三十年のあいだに、小学校・中学校・高校の授業で実際に使われていた「音楽の教科書」を読み直し、そこに何が書かれてあったのか、そこではどんな楽曲がどのようなかたちで取り上げられ、どのような事柄が学ぶべきこととして設定されていたのか、といったことを見直してみようということが、おもに書かれています。

つまり、**「平成という時代に、義務教育の音楽の授業では何が教えられていたのか？　について検証してみる」**という、きわめて地味な内容の本であって、〈Ｊ－ＰＯＰ業界の推移〉や〈メディアの更新による音楽産業の変遷〉といったトピカルな話はまったく登場しません。

考察の対象とされている文献は、おもに当時の「教科書」および「文科省学習指導要領」で、約三十年分の学校の教科書をいろいろと集めて実際に読んでみる——「教科書」という特殊な読み物の精読をとおして、この時代の「音楽」の文化的位置づけのひとつを浮き彫りにすることができないだろうか？　そうしたことをこの本では試みたいと思います。

音楽は二十世紀のあいだずっと、活発に活動し続けたサブカルチャーでした。このような「音楽」に対して、公式の「カルチャー」の代表選手である「学校の教科書」は、どのようなアプローチで取り組んでいるのでしょうか？　わたしたちが日ごろ親しんでいる「音楽」に、学校という機関は一体どのような影

響を与えているのでしょうか？

いま実際に学校に行っているみなさんたちにとって、「音楽」を「勉強」するということはどんな意味があるのでしょうか？　また、音楽の先生は、どんな気持ちで授業をおこなっているのでしょうか？　音楽を楽しんでいる多くの大人たちにとって「音楽」の授業はどんな意味があったのでしょうか？　などなど、たくさんの疑問が「教科書」を読むことで生まれてきます。

学童期および青年期に経験する、つまり、わたしたちの「音楽的無意識」を形作っているかもしれない「学校の音楽の時間」について、これから実際の教科書を読みながら、その特徴を浮かび上がらせていきたいと思っています。

初めて体験する「音楽を学ぶことの楽しさ」

筆者は一九七二年生まれ。ちょうど平成がはじまるタイミングで高校を卒業した世代に当ります。義務教育のときはまだ完全に昭和です。また、いまでこそ演奏と批評の両面から音楽に関わる仕事をしていますが、筆者が音楽の勉強をはじめたのは大学に入ってからのことになります。それまではもっぱら聴く専門で、高校くらいから地元の図書館や貸しレコード屋さんに入り浸り、いろいろな音楽を聴いているうちに、だんだんとモダン・ジャズの世界に魅かれるようになりました。

その後、某大学の教育学部・教員養成課程・中学社会学科というところに入学したのをきっかけに、サックスを購入してジャズ研究会に入部しました。それまでは聴くばかりで、バンドもやったことがなく、楽器も触ったことがなかった素人が、先輩たちに音の出しかた、いろいろなコード進行、セッションのやりかたなどを手取り足取り教わって、そのままジャズの魅力にはまりこみ、ジャズ研のスタジオに入り浸りになって、結局大学は中退。音楽関係の仕事に関わっているうちに、二〇〇一年くらいからジャズ・ミュージシャンの菊地成孔さんと一緒に「ポピュラー音楽の理論」と、「その理論が形成されるに至るまでの歴史」を教える講義を、映画美学校や東京大学教養課程などでおこなうことになります。

その講義のうちのひとつは『憂鬱《ゆううつ》と官能を教えた学校』（河出書房新社）として

書籍化され、のちにBS放送でTV番組化されることにもなるのですが、「〈バークリー・メソッド〉によって俯瞰《ふかん》される二十世紀商業音楽史」という大変にカタい副題からもうかがわれるように、わりかしハードでヘヴィーな内容だったにもかかわらず、大人になってから「音楽」の勉強をしたい、し直したい、と思っている生徒さんたちの熱意がものすごく、講義は毎回とても充実したものになりました。

講義の主任であり、その後ジャズ講義のコンビを長く組むことになる菊地成孔さんは、ジャズに限らず、そもそも音楽教育そのものへの関心があり、私塾でさまざまな生徒を教え、特に初心者と初学者が「楽器が吹けるようになることと」「ドレミの意味がわかるようになること」に対して情熱的《マニアック》ともいえる悦びを感じているように思います。そして、その悦びは生徒にも感染し、筆者は講義の最中に、受講生が「音楽を学ぶことの楽しさ」を、ほとんど初めて経験するもののように「発見」している姿に、何度も立ち会うことができました。

義務教育で習ったことが邪魔《じゃま》をする

大人になってから自分の意志で、「これがやってみたい」と思ってはじめる勉強と、子供時分に大した興味も持てないまま、「義務」として押しつけられる勉強とは、もちろん、まったくことなったものです。

みなさんも思い当たる節があるのではないかと思いますが、小中学校で覚えさせられたことのほとんどは、むしろ、それらを「押しつけられた」という経験を忘れることをとおして、ようやっと自分の個性を掴むための足掛かりとして使えるものになります。しかし、菊地さんの講義を受けに来ている受講生の多くは、そもそも、**「子供時代に学校での義務を果たさなかったから、自分は音楽ができないのだ」**と思い込んでいるように見えました。

大人になってから、あらためて「音楽」と関係を結ぼうとしたときに、子供のころに「義務教育」でおこなわれた「音楽の授業」が邪魔をする――これはとても不幸なことだと筆者には思えました。

ほんとうに彼ら彼女らの授業態度が悪かったのか、先生にやる気がなかった

のか、教科書自体がぜんぜん使えない内容だったのか、それとも学校というシステムは、そもそも音楽を教えることに向いていないのか――それとも、そのどれともことなった理由が、「音楽」を学ぶことに対する、ほとんど罪悪感にも近い苦手意識を、多くの子供たちのなかに、そしてその後の大人たちのなかに、生み出すことになっているのか。

実際、『憂鬱と官能を教えた学校』で書かれている内容は、音階や和声の部分だけを取ってみるならば、それは**十分、中学校の教材でカヴァーできるレヴェルのもの**なのです。しかし、筆者もそうだったのですが、中学生の頃には、たとえば、自分がこれからピアノやギターを弾いて、好きなように好きな曲を歌えるようになる姿など、考えもしなかった。

逆に考えてみるならば、学校が考えている「社会人になるために必要とされている音楽の知識と教養」とは、一体どんなものなのだろうか。――こうした疑問から、筆者はこの本の企画を思いついたというわけです。

憂鬱で曖昧《あいまい》な授業の記憶

思い返してみると、筆者の音楽の知識はすべて青年期以降に覚えたもので、義務教育で自分がいったいどのような音楽の授業を受けていたのか、ほとんど思い出せません。

断片的に覚えているのは、小学校では各教室に足踏みオルガンがあった、中年の女性教師にリコーダーでアタマを叩かれてすごく痛かった（落ち着きのない子供だったので、たぶん整列時とかに騒いでいたのでしょう……）、ピアノと楽器準備室と、楽聖たちの古い肖像画の飾られた音楽室と、そこにつながる廊下の風景、「箱根八里」を男の子だけで二部合唱したこと……などなどを覚えていますが、それらの記憶には脈絡も展開もありません。先生との相性もあったのだと思いますが、残念ながら筆者は、義務教育の音楽の授業で、大人になってから使えるような知識や技術をほとんどまったく学ばなかった様子です。

連続テレビ『あまちゃん』や大河ドラマ『いだてん』などの音楽で知られるミュージシャン、大友良英さんは『学校で教えてくれない音楽』（岩波新書）のな

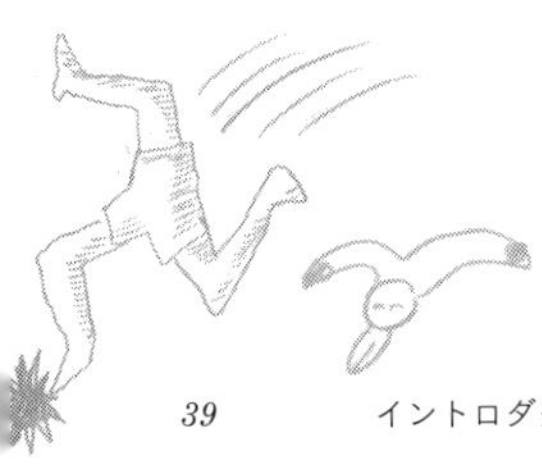

かで、音楽の授業が恐怖で、憂鬱で、〈音楽の授業の前になると下痢していた〉と述べています。

この本を書くにあたって多くの知人に、自分が受けた「音楽の授業」について思い出してもらいました。みな同じように記憶は曖昧で、覚えているのは、人前で歌わされるのが苦痛だった、といったような前向きではない意見が大半でした。もちろん、合唱が楽しかった、という女性もいます。ただ、その人はいわゆる「お稽古ごと」としてピアノ教室に長いあいだ通って、合唱の伴奏も含めて、授業で習うような内容はすでに教えられなくてもできていたというタイプの人でした。彼女もまた、教科書での勉強についてはやはり、部分的にしか思い出せないと言っていました。

音楽は好きでも授業が退屈なのはなぜ

小学校から中学校に上がるころになると、だんだんと得意な科目と苦手な科目がはっきり分かれてくる人も多いと思います。漢字の書き取り帳を見るのもイ

ヤになったり、マイナスどうしの掛け算の意味がわからなかったり、とか……。なかでも好き嫌いがはっきりするのは、おそらく「体育」の授業なのではないでしょうか。

紙の上での点数とはちがって、からだを動かすことは上手い人とそうでない人との差があからさまに見た目に出てしまうため、できる人はいいのですが、できないことを人前で何度もやらせられるのはとても恥ずかしい。からだが発育するタイミングは人それぞれなので、そもそも年齢で区切って同じことをやらせるのは無理があるわけですが（まあ、これは体育にかぎった話ではありませんが）、現在の学級制・学年制では残念ながら、みんなでそろってイチ、ニー、サン、シー、と、同じことができるようになるまで、一緒に動いたり止ったり走ったりすることを覚えさせられる時間を避けることはできません。

そして、その次くらいに「いやだなー」と思っている人が多いのが、「音楽」の授業なんじゃないかなと思います。

音楽自体は好きでも、音楽の授業は好きじゃなかった、または、退屈だった、と言う人は、筆者の友達にもたくさんいます。小学校低学年のころは、まだ楽

しい、というか、なんだかわからないまま歌ったり踊ったりしていたと思うのですが、体育とおなじく、器楽も合唱もみんなでそろっておたがいのすがたを見聞きしながらすすめてゆく授業なので、教科書を眺めながら、やったふりをしてやりすごすことがむつかしい。そしてある日いきなり、みんなの前でひとりで歌を唄ったりしなくてはいけない。歌には自分の「個性」がはっきりとあらわれてしまうので、「自意識」が過剰になりはじめたころには、みんなの前でおおやけに「歌」を発表すること自体が恥ずかしいし、ましてや、「上手くできない」ってことで注目をあびるなんて事態は絶対に避けたい事柄でしょう。

あと、気が付いている人も多いと思いますが、授業で習わせられるアルトやソプラノ・リコーダーの演奏や、二部や四部といったパートに分けられた曲の合唱——多くの時間を使って教えられるこのふたつは、**大人になってからやる機会はありません**。

もちろん、リコーダー愛好会といった社会人サークルもありますし、学校でおぼえた合唱の楽しさに魅かれて、卒業したのちもながくコーラスを楽しむ人たちもたくさんいます。でも、ほとんどの人は、授業で習っただけで終わってしまう。なぜかというと、わたしたちの社会のなかに、音楽の授業で教えられるこれらの技術を使う場所がないからです。音楽の授業で教えられる事柄は、**わたしたちが日常的にふれて楽しんでいる「音楽」とはことなった場所から、その内容の計画がなされているのです。**

カラオケにリコーダーはもってゆかない

国語の授業で習うことは、そのまま、他者とやりとりをするための基本的な手段となる「言葉」の読み書きにつながっています。算数も、「数」という抽象的な、しかし、ものを考えるときに絶対に必要となる概念を示してくれます。社会科は自分たちのいまいる世界がどのようにできてきたのかを考えるきっかけを与えてくれる――このように、学校で教わることは、これから社会の一員として暮らしてゆくにあたって「必要なもの」と社会の側が考えている事柄を覚えられるように組み立てられています。

そして、じつをいうと「音楽」の授業も同様に、教える側に立つひとは、や

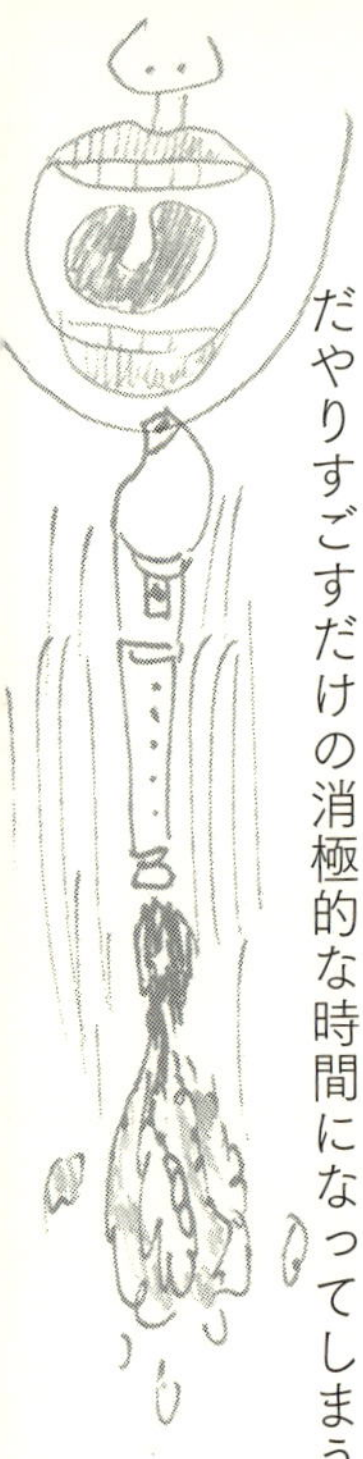

っぱり、**「こういったことが、社会人として必要となる教養だ」**と考えて、音楽の教科書を作っているのです。しかし、現実的にはなぜか、とりわけ音楽の授業で教えられる内容と、わたしたちの現在とは、すれちがってしまう場面が多い。

友達とカラオケで遊ぶのが楽しみ、という中学生や、ヒット曲のかっこいいダンスをみんなで覚えて踊るのが好き、という高校生はたくさんいると思います。しかし、こういった「音楽の楽しさ」は、授業で教えられることではなく、また、授業で習ったことをここに生かす方法も見つけることはむつかしいように思えます。カラオケにリコーダーを持ってゆく人はめったにいませんよね。いてもいいと思うのですが、音楽の授業の内容と放課後の楽しみとは、こんなふうに「別のもの」になってしまっています。

社会に出ても使う機会がない、友達どうしでの遊びにも反映されない、さらにいうと、受験とも関係がない――「恥ずかしいな、いやだな」と思うだけでなく、学年が上がるに従って、「音楽」の授業に退屈さを感じはじめ、それがただやりすごすだけの消極的な時間になってしまうひとがいるとするならば、このような、**「音楽の授業の役に立たなさ」**を敏感に感じ取っているからなのだろうと思います。むしろとてもセンスがいい人たちです。

そして、この本はそうした、**「音楽の授業って退屈！　やる意味わかんない！」**と感じている人にこそ読んでもらうことを目的に、書かれています。

勉強に身が入らなくなる理由

ちょっとむつかしい言い方になりますが、さきほどもふれたように、小中学校の授業というものは、現在の社会の一員となるために「必要」と教える側が見なしている、基本的な教養を身に付けさせるために組まれています。体育の授業のランニングも、化学の実験も、図画工作も、そのほか、一見そうとは思えないような授業の内容も、それはのちのち「社会に出てから役に立つ」ものと考えて、先生は教えております。

いますぐには使えない、使い方がわからない、必要がない勉強も、あとになってから効いてくる。この「あとで」は「十数年のち」の場合もあって、そんなにあとだったら**その時まで放っておけばよくね？**と言いたくなるとは思いますが、物事には手順があって、学校に通っているうちに一通りやっておいた方がいいことを、意外と（失礼）ていねいに義務教育では教えてくれます。

音楽の授業も、もちろん、そうした「役に立つ」ことに含まれています。なのですが、生徒のほうは直観的に、「あ、これたぶん、あとになっても使えない」と判断して、その結果、勉強に身が入らなくなる。このすれちがいの理由を考えてみると……

①**「使えない」という判断がまちがいであって、実際は実によく役に立つ**（＝だから、我慢して勉強しておきなさい）

②**「役に立つ」と思っているのがまちがいで、その内容はやっぱり無駄なものである**（＝だから、つまらなくて当然。ガッコにはときどきこういう無駄がある。できれば廃止すべし）

③**想定している「社会」のイメージが、先生と生徒で異なっている**（＝いまの

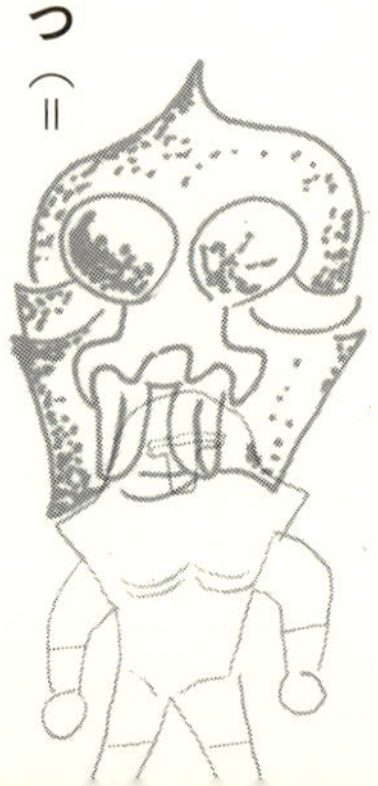

世の中と教えられていることのあいだにギャップがある）

④内容はＯＫだが、教材や教え方の書き方や指導がわるい（＝教科書を作っている人たちが、現場の学校のことをよくわかっていない）

⑤実は先生もそれを「役に立つ」ものだとはどこかで思ってなくて、授業に身が入らない（＝先生が自分の教えていることに自信がない。教科書をよく読めていない）

⑥先生が教科書の使い方をよくわかっていない（＝教科書と実際の授業とがかみ合っていない）

⑦たんに先生との相性がわるい（＝単純に不幸ですが、けっこうありますよね）

などなどが挙げられると思います。どうでしょうか？　おそらく、どれかひとつが原因ということではなく、授業の最中にこれらの事柄が何度も、マーブル状に入り混じってあらわれているのではないか、と筆者は思います。

教科書を「読み物」として読むならば

この本では、前頁の①〜⑦みたいな疑問を念頭におきながら、小学校から高校までのそれぞれの授業でおこなわれることを把握し、そして、どのようにしたら、学校の音楽が「役に立つ」し「退屈でも恥ずかしくもない」ものになるのか？ といったことを考えてゆきたいと思っています。

学校の授業は、基本的に教科書を使ってすすめられてゆきます。言いかえると、先生と生徒のあいだには「教科書」という読み物が共通して存在している。そして、両者はともに「教科書を読む」という作業を通して、授業を進めてゆきます。これは音楽の授業においてもかわりません。

教科書に寄り添いながら、そこに書いてあるものの意味を最大限におおきくとらえ、たとえばそれを使いたおすほどに使いまくって、そこで学べることを、学校が終わっても、大人になっても、十分に**「使える」**ものとして身に付ける、ということ。それはおそらく、音楽の授業そのものの楽しさともつながるはずです。そのために、あらためて目の前にある教科書を読みなおしてみる、という、きわめて実践的な作業を、まあ、これからやってみようと思っているというわけです。

数ある音楽についての本のなかでも、きわめて特殊な、「現在、社会人となるために必要とされている音楽の知識・技術」を語った本として、**「音楽の教科書」をアタマからトータルに、予断を持たず、一つの読み物として、いわばひらたく読んでみること。**

全国の学校で取り上げられる教科書という本は、おそらく最大の読者数を誇る音楽出版物であるでしょう。しかもこれはおよそ週に一、二時間ずつ、最低でも九年間にわたって読み継がれる大長編の読み物なのです。

先生用のガイドブックをチラ見してみる

いま、目の前には、編集部のみなさんに協力して集めてもらった、平成三十年分の教科書のコピーと原本、それにそれ以前の、敗戦直後からの音楽の教科書がひろげられています。

参考文献もいろいろあるのですが、たとえば、平成二十年七月の日付がある、文部科学省発行の「中学校学習指導要領解説・音楽編」というものを見てみましょう。これは教科書を使って生徒を指導する、その指導のための根本的な姿勢を記したものです。簡単に言えば国が先生用に制作した、実際の授業のためのガイドブックです、こうした資料は文部科学省のWEBサイトで現在、誰でも（もちろん生徒でも！）閲覧《えつらん》できるようになっていますが、筆者は今回の仕事ではじめて読みました。

この本の第一章「総論」では、教育基本法が六十年ぶりに改正されることを受けて《二十一世紀を切り拓く心豊かでたくましい日本人の育成を目指すという観点から》義務教育の目的と目標規定が改正されたことが書かれています。

第二章が「音楽科の目標及び内容」です。この本にも直接関わってくる箇所なので、すこし詳しくみてみましょう。まず、「1．教科の目標」という要約的な一文があり、以下のように本文がはじまります。

《ここでは、音楽科の教科の目標を示している。

この目標は、表現及び鑑賞の幅広い活動を通して学習が行われることを前提とし、生活を明るく豊かにするための音楽を愛好する心情を育てること、音楽に対する感性を豊かにすること、音楽活動の基礎的な能力を伸ばすこと、人間と音や音楽とのかかわりとして音楽文化についての理解を深めること、これらが総合的に作用し合い豊かな情操を養うことによって構成されている。》

漠然とした内容が「こと」という書き終わりで並置されており、書き写しながら段々とゲンナリしてしまいましたが、お役所発の文章というものは大体このような感じのものなのかもしれません。以下、上記の「こと」の解説がそれぞれ続きます。

《「表現及び鑑賞の幅広い活動」とは、多様な音楽活動を行うことを意味している。》

《「音楽を愛好する心情」とは、生活に音楽を生かし、生涯にわたって音楽を愛好しようとする思いである。この思いは音楽のよさや美しさなどを感じ取ることによって形成される。》

《「音楽に対する感性」とは、音や音楽のよさや美しさなどの質的な世界を価値あるものとして感じ取るときの心の働きを意味している。音楽科の学習は、生徒が音や音楽の存在に気付き、それらを主体的にとらえることによって成立する。》

《「音楽活動の基礎的な能力」とは、生涯にわたって楽しく豊かな音楽活動ができるための基になる能力を意味している。音楽を形づくっている要素は、生徒が生涯のうちに出会う多様な音楽を理解するための重要な窓口となる。》

などなど。読者のみなさんの読む気力を削いでしまいそうなので、とりあえず引用はこれくらいで……。

内容に文句はないのですが、慇懃無《いんぎんぶ》礼《れい》というか、木で鼻を括ったというか、どの方面からも問題にされないように配慮して書かれている文書の典型ですね。

読みながら気が付いたのですが、書き手がここで、この文章を書くための前提としている「音楽（とは何か？）」がよく分からないんですね。むしろ定義することを避けている。それは「生活を明るく豊かにする」「豊かな情操を養う」ものなのだ、ということは明言されているのですが、何をもってして「音楽」および「音楽活動」とするのかはわからない。

こうした定義は「指導要領」の範疇《はんちゅう》ではない、ということなのでしょうが、逆に言えば、一般的に「音」あるいは「音楽」と認められている事柄ならなんでも使っていいから、子供たちの「豊かな情操《じょうそう》」を養いましょう、それができたら「音楽科の教科の目標」は達成です、と読むこともできるわけです。**とにかく「豊かな情操」を養えば良いのです。**

教科書の「理想的な使い方」

この指導要領の付録には、現在、中学校で割り振られている音楽の授業の時間数は、一単位を五十分として、第一学年で四十五、第二学年で三十五、第三学年で三十五、と記してあります。平均すると、だいたい週に一回前後の授業という感じでしょうか。この時間内で教師は「音楽科の教科の目標」をクリアしなくてはいけません。

くりかえしになりますが、学校の授業は、義務教育においては基本的に「教科書」というものを教材として使って進められます。音楽の授業においてもそれは変わりません。今回、この本を書くにあたって、教育関係のさまざまな書籍を読んだのですが、研究者や評論家や作家などにとっては、いまある教科書はどちらかというと否定的な見解を述べやすいものとして捉えられているようです。「教科書などいらない！」といった元も子もない意見はともかく、「理想の教科書」についての考察はもちろん大切だと思うのですが、現場の教師たちは、実際には、いま手元にある教科書を使って目の前にいる子供たちを教えるしかありません。

週に一回一単元、現行の音楽の教科書を使って、子供たちの「豊かな情操を養う」授業をおこなうためには、どのようにすればいいか？　この本では、「理想の教科書」のありかたではなく、**現状の「教科書」の「理想的な使い方」を探ってみたいと思います。**

つまり「音楽の教科書の読み方ガイド」みたいなものを作ろうってことです。たぶん、この一冊を読めば、これまで「退屈」だと思っていた音楽の授業が、いまあなたの身のまわりにある、自分が大好きなヒット曲や、あるいは部活などで練習している楽器の演奏なんかと十分につながりのある、「役に立つ」ものになる――なるといいな、と筆者は思っております。

筆者のそんな話を聞いてくれた知り合いの高校の音楽の先生は、授業がときおり退屈になってしまうことを認めながら、「でも、自分のクラスの生徒たちは、『先生、リア充の歌やろう！』とか言って、自分たちから積極的に合唱の曲を選んだりして（サスケの『青いベンチ』という曲が「リア充の歌」代表だそうです）、みんなで楽しく、歌いながら涙ぐんだりしてるよ」と言っていました。こういっ

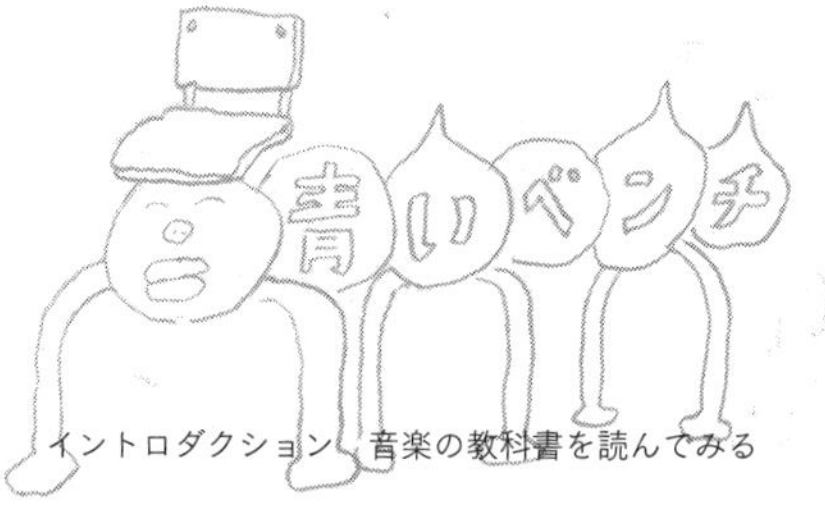

た授業がどんどん、普通におこなわれるようになるといいなあ、と思います。

この本を読んでほしい方々

というわけで、実際に教科書にあたってゆくわけですが、こうしたちょっと変わった読書に付き合っていただける読者さんの顔を想像してみて、どんな人が楽しんで読んでくれるかな、と思うのですが……思いつくのは、

①音楽が好きになってきたけれど、音楽の授業はつまらないと思っている中学生と高校生。

②音楽が好きで、いまは自分でいろいろと楽しんでいるけど、学校時代は音楽の授業が苦痛だった大人。および、いま音楽が好きになりそうな子供がいらっしゃる親御さん。

③独学で音楽の演奏・制作などをはじめた方々。義務教育で何をやってきたんだろう？　と思い出せないことを反省している方々。

④学校の先生が参考として。
⑤資料、年譜、報告など、専門的なテキストを読むのが好きな読者。
⑥なまいきな小学生。

などでしょうか。

高校の音楽教科書はこうなっています

ともかく、いまちょっと、たとえば高校の授業で使う、平成三十年一月発行の『音楽III』（教育出版株式会社）を開いてみたのですが、A４オールカラーの各頁にびっしりと、歌曲はシューベルトから嵐が紅白歌合戦で唄ったという『ふるさと』、小林武史とミスチル桜井和寿によるBank Band、荒井由実、新世紀エヴァンゲリオンのオープニング曲『残酷《ざんこく》な天使のテーゼ』、朝鮮半島の『トラジタリョン』、宮城県の民謡、武満徹《たけみつとおる》、石川啄木《たくぼく》の短歌に曲をつけたもの……など、

こうしてアトランダムに挙げてみても、硬軟とりまぜた楽曲が満載です。

また、リコーダー、ギター、和楽器その他の独奏・合奏曲があるかと思うと、発声のエクササイズがかなり詳しく載っていたり、「音楽の魅力を言葉で伝える」という批評文の書き方のページがあったり、写真付きでギターのコードの押さえ方も掲載されていて、楽典も、ギリシア時代からの西洋音楽史はもちろん、「現代の音楽」では、ジョン・ケージ、黛敏郎、西村朗、カプースチン、タン・ドゥン、細川俊夫……と、知らなくても普通な作曲家までばんばん取り上げられていました。

こんなにたくさん一年で教えられないでしょう！　といきなり驚かされたわけですが、高校を卒業するまでに生徒がこれだけのことを覚えてできるようになっていれば、音楽なんて屁の河童、以後の人生でどんなサウンドが来ても平気になるはずで、これはやはり、教科書だけでもかなり学びがいがあるように思いました。

しかし、ここに書かれているような壮大《そうだい》な内容に至るまでに、いったいどのような事柄から音楽の勉強がはじめられ、どういったかたちで授業は進展してゆくことになっているのでしょうか。

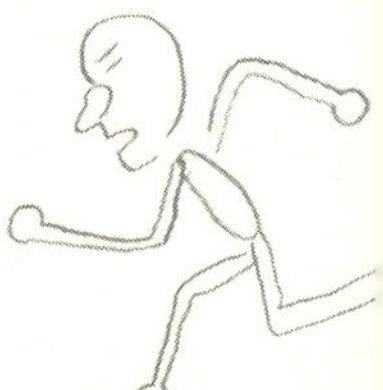

とりあえず、わたしたちが生まれて初めて出会った「音楽の教科書」、つまり小学校一年生の教科書を確認するところからはじめてみようと思います。

がくの教科書

第1章 小学校のおんがく

覚えたことを忘れてはじめて、「使える」ものになる

この章では、まず「小学校」の音楽の教科書、つまり、多くのみなさんがもうすでに勉強し終わっただろう内容について取り上げます。いわゆる「復習」という作業になるわけですが、ここでちょっと質問です。みなさんのなかで、小学校一年生のときに受けた音楽の授業の内容がどんなものだったのかを覚えている人は、どのくらいいらっしゃいますか？

ちょっと思い出してみてほしいのですが、どうでしょう？　――たしか、赤青のカスタネットをもらった、とか、みんなでお遊戯《ゆうぎ》みたいなことをした、とか、そのときだれだれがなになにして、先生に怒られて……みたいなことを覚えている人はいると思いますが、「授業で教わったこと」、つまりその具体的な内容自体に関しては、おそらくはっきりと思い出せない人が多いのではないか、と筆者は思います。

これはじつは、ある意味当然のことだと思います。小学校低学年あたりで教わる授業の内容は、それから先に覚えることの、その「覚える」という作業のために必要な、いわば「勉強をするための土台」作りにあたるものであって、それは「習ったあとに、そのあとの勉強に埋もれて、思い出せなくなる」みたいな性格を持っているものなのです。

たとえば、「あいうえお」の読み書き。これができなければ教科書も、そもそもこの本だって読めませんが、今これを読んでいる方で、いつどうやって文字が読めるようになったのか、そして書けるようになったのか、「このタイミングで！」とはっきり思い出せる人は少ないんじゃないかな、と思います。しかし、いま皆さんが読んでいるこの文章を、**皆さんは自然に読めるようになったわけではありません。**

誰かと「話す」という行為は、子供はみな、周囲の人たちの行動を見ながら、ある程度勝手にそのやりかたを覚えていきます。しかし、そこで覚えた「ことば」を「文字」として読み書きするためには、ある一定期間の勉強が絶対に必要になります。しかし、そのようにして勉強したものの多くは、それを覚えたあとに、それを「勉強によって覚えた」ということ自体を忘れてしまう――そのような傾向を強く持っています。学校で教わって使えるようになったものの多くは、それを習得するまでの過程を思い出さなくなってはじめて、十分に「使える」ものになるのです。

これをむつかしい言い方では「内面化」と呼びますが、小学校低学年での勉強は多くはこのように、「教えられたこと／覚えたこと自体を忘れる」くらいに、その内容を反復練習によって身に付けさせることを通して、進められていきます。

それくらい基礎的な内容なのだ、ということももちろんあります。とくに六歳から九歳くらいまでの時期がそうした教育に適している、ともいわれています。そもそも音楽に限らず、教科書は学年ごとにあたらしくなる。どの教科でもそうですが、前の年の教科書を、次の学年になってから読み返したりすることは滅多にありません。授業はどんどん進んでいって、一度クリアーしたところには二度ともどらない。小学校低学年での授業は、そのうえに重ねられてゆく中高学年の勉強の下地として、それらに塗り込められるようにして、「自然」に、むしろ思い出されなくなることを目的として進められてゆくものなのです。

ちょっとややこしい話が長くなりました。あらためまして、では、そのような、いまのみなさんの「自然」となっている（だろう）「音楽の授業」とは、一体どういったものだったのか。学校で習う音楽の教科書の、そのいちばんはじめの部分をひらいて、順番に見ていきましょう。

小学一年生の教科書をめくってみる

小学校の音楽の教科書を作っている出版社は現在、「教育芸術社」と「教育出版」の二社です。平成半ばまでは「東京書籍」からも小学校の音楽教科書が出版されていましたが、現在は撤退《てったい》してしまった様子です。文部科学省の検定さえクリアできればどんな出版社が作ってもＯＫなのだと思いますが、とりあえずこの二社が音楽の教科書を作っている、と。ここではそれらの教科書を随

時比較しながら、だいたいいま十代の読者が使っていたと思われる、平成二十年前後に出版されたヴァージョンのものを使って、読んでいきたいと思います。

平成二十三年に出版された教育芸術社の『小学生のおんがく１』の目次（本書九頁）は、以下のようになっています。

まず、**「うたでなかよしになろう」**。「みんなと　いっしょに　うたったり　あそんだり　して、なかよしのともだちができるかな。」ということで、全員で身体を動かしたり絵を見たりしながら歌を唄ってみる、というカリキュラムが、教科書の最初には置かれています。「ぞうさん」、「めだかのがっこう」、「いぬのおまわりさん」、「てとてであいさつ」、「ひらいた　ひらいた」など、いわゆる童謡の定番曲が、ここでは取り上げられています。

次は**「はくをかんじとろう」**、**「はくにのってリズムをうとう」**。「さんぽ」、「かたつむり」、「げんこつやまのたぬきさん」などなどで、手を打ったり、カスタネットやタンバリンを叩きながら歌を唄う。楽曲やページ数に結構なヴォリュームがあり、「リズム」を取ることが丁寧に教えられている。どうやらここが一年生の勉強のポイントの模様です。

次に**「けんばんハーモニカをふこう」**。筆者の世代（昭和末期）では「鍵盤ハーモニカ」の登場はもっと上級生になってからだったような気がするのですが、確認したところ、平成時代は小学校入学と同時にひとりひとりに鍵盤ハーモニカが与えられるとのことです（もちろん学校の備品ではなく、それぞれが購入しなくてはならないのですが）。

教科書には、まず**「ど」と「そ」の音を吹いてみる**、という課題が載っています。一年生では「ド」から「ソ」までを、片手の指の数に当てた「五音」というかたちで教える。最初から「ドレミ」という音階名を意識させるように書かれています。

その後は鑑賞を中心にした、**「いろいろなおとにしたしもう」**、**「ようすをおもいうかべよう」**があり、自分が出した音と他人の音とを聴きあう**「おとのたかさにきをつけてうたおう」**と**「たがいのおとをきこう」**が入ります。最後には、「おんがくをたのしもう」という括りで、〈そろそろはるですよ〉という曲を歌い、〈くまばちはとぶ〉（リムスキー＝コルサコフ）を聴いて感想を述べる、という構成になっています。

また、巻末には、この教科書で取り上げられている歌の歌詞と楽譜がまとめて掲載されており、ラストのページには〈**きみがよ**〉が「国歌」としてしっかり譜面付きで掲載されています。その他、**「(きょうつうきょうざい)」**として、別枠のかたちで四曲、教科書のところどころに**「こころのうた」**という括りで「文部省唱歌」が載っています。

「小学校一年生の音楽」の教科書は、だいたいこのような内容で作られています。この教科書によって、いったい、学校は小学一年生に何を教えようとしているのか、それをまず考えてみることにしましょう。

見ず知らずの人たちを「みんな」にする「歌」

小学校に入学して、義務教育というものがはじまり、そしてみなさんが「音楽」をこれから勉強してゆくにあたって、その一番最初に置かれている内容は、ドレミの指導でも、国歌の斉唱でもなく、**「うたでなかよしになろう」**でした。

まず、クラスのみんなで歌を唄ってみる。唄いながら、握手したり、挨拶したり、みんなで決まったポーズを取ってみたり。とにかくまず、ある楽曲をみんなで「共有」してみる。ひとつの「歌」を唄って遊んでみることで、クラスに集められた人たちを「なかよし」にさせる。こうしたことが、学校の音楽の授業のはじまりには置かれています。

小学校には――私立と公立では結構な違いがあるかもしれませんが――いろいろな暮らしをしているいろいろな子供たちが入学してきます。子供たちはそれぞれに異なっているそれまでの環境から離れて、「学校」という、これまでとは質の違うパブリックな空間に集められる。入学して、クラス分けがあって、席に着いて、隣の席に座っているのは、ほぼ間違いなく、これまでに会ったことも、話したことも、遊んだこともない「他人」です。大げさな言い方になりますが、あいだに家族が挟まっていない、いわば**剥《む》き出しの「個人」どうしがはじめて出会う場所が、小学一年生の学級**なんですね。

こうした「他人」と出会う「場所」というものの気配を、小学校に上がる前から、たとえば保育園や幼稚園の時から強く感じとっていた方も、みなさんのなかには多くいらっしゃると思います。むしろ、その頃のイメージ、たとえば、保育園に連れて来てくれた母親が自分を置いて帰るときに不安で泣いてしまった……みたいな記憶の方を強く覚えている、という人もいるんじゃないでしょうか。

あたらしい場所で知らない人たちの中に放り込まれるのは（いつまでたっても。大人になっても！）不安なものですが、そのようにして集められた子供たちを、小学校一年生の授業はなんとか「なかよし」にさせて、これからはじまるクラスの一員としての、あたらしい行動様式に馴染ませなくてはならない。

たとえば、算数の授業では、一年生ではまず「数」というもの自体を教えるわけですが、教科書を読むと、黒板や教室中をフルに使って、生徒が身体を動かしながら、「数」というものについて考えさせるように書かれています。そうやって、勉強しながら、みんなで「同じことを学ぶ」ということ自体に慣れさせようとしているんですね。

そして、じつを言えば、**「音楽」、とりわけ「歌」というものは、見ず知らずの人たちを「みんな」＝「集団」としてまとめるためにものすごく役に立つもの**なんですね。

個人が「集団」になるためには、そこにいるひとりひとりに、同じ持ち物や、同じ経験や、同じ考え方を与える必要があります。みんなに制服を着せる、というのもそのための手段のひとつでしょう。そして、そうした共有を生み出すもっとも身近で、手軽で、材料費も、持ち運ぶ手間もいらない便利な道具の代表のひとつが、音楽における「歌」なのです。

ひとつの歌を、みんなで覚えて、一緒に唄う。それまでバラバラに暮らしていた人たちが、なんの元手もないまま、すぐさまその場で「共有」できるものとしての「歌」。自分を「みんな」のなかの一人として扱うために、歌を一緒に唄うということを学ぶこと——。このような課題から、学校の音楽の授業ははじまります。

「邦楽」を捨て、「西洋音楽」へと走る理由

歌を一緒に唄うことによって、バラバラの人たちを「みんな」にすること。その作業を通して、これから先の（音楽にかぎらない、その他の科目も含めた）勉強

のための基本姿勢を作ること——。小学校に入学した子供たちが音楽の授業でまず学ぶのは、このような内容です。義務教育における「音楽」のはじまりにおかれ、そしておそらく、低学年時期の子供たちにもっとも教育的効能がある勉強は、このような「歌」が持っている集団化の作用にあるのではないかと筆者は思います。

こうした学習は、平成以前の音楽の授業でも重要視されており、そのはじまりはどこまでさかのぼれるか、と言えば、なんと、学校教育そのものがはじまったその当初、明治時代の初等教育において、すでにその理念と目的がはっきりと示されているのでした。

日本の学校で音楽教育が全国的に実施されはじめたのは、明治二十年前後のことになります。しかし、明治五年に制定された最初期の学制には、すでに学ぶべき科目として「唱歌《しょうか》」の文字がありました。

アメリカで教育学を学んで帰国した伊沢修二という人が、師である音楽教育学者ルーサー・メーソンの助けを借りて、日本初の「音楽の教科書」と言える『小学唱歌集・初編』を刊行したのが、明治十三年から十五年にかけてのことになります。そして、伊沢はこの教科書を、もっぱら「ドレミのシステムで歌を唄う」ための手引き書として制作しました。

彼はこれまでの――江戸期までに形作られてきたさまざまな「邦楽」のメロディー、リズム、響きをここで完全に遮断し、学校で教えられるべき「音楽」を、すべて五線譜と音符というシステムに則って記述され、演奏される「西洋音楽」として定めました。

つまり、伊沢修二が狙《ねら》ったのは、西洋音楽が体現している「近代的」な要素を、江戸の封建制度から抜け出て、これから「近代国家」へと成長してゆかなくてはならない日本を支える子供たちの身体に、歌声とリズムでもってダイレクトに刻み込もうとすることでした。

詳しくは、中学の教科書における「民族音楽」を分析するあたりで解説しますが、たとえば江戸時代に流行った、三味線の伴奏で独唱する「新内《しんない》」という音楽では、それを唄う人を合唱させたり、行進させたりすることはむつかしい。

おなじく、江戸期の三味線歌謡である「清元」の、明治時代になってから作られた傑作《けっさく》、黙阿弥《もくあみ》の「三千歳」では、〈冴返《さえかえ》る／春の寒さに降雨も／暮れていつしか雪となり／上野の鐘の音も凍る〉という冒頭のフレーズを、ひとりの唄い手が伸び縮みのある息のリズムに従った唄い回しでもって、約二分間かけて唄います。

唄い手の節回しに曲の展開がゆだねられた、言ってみれば非常に個人的な音楽であるわけで、**「うたでなかよしになろう」**のその次の学科が**「はくをかんじとろう」**、**「はくにのってリズムをうとう」**であることにもあらわれているように、「近代西洋音楽」の特徴のひとつは、**みんながその上で一緒に揃って動くことのできる周期的な「拍」というものを、楽曲がその成立の前提として持っている**というところです。

しかし、これはじつは、世界の音楽のなかでは例外的なものなのです。だからこそ「拍」の刻み方は音楽教育の最初に置かれているのですが、「みんな」で揃ってなにかをおこなうときに、この「拍の共有」は素晴らしい効果を発揮するんですね。

伊沢修二が考えていたのは、西洋音楽を勉強し、マスターすることによって、まず一緒に歌を唄って「みんな」になり、そして「拍」に従って身体を動かし、並んで行進し、合図にあわせて回れ右し、時間通りに止まる、といった、きわめて近代的な運動ができる身体を作り出す、ということでした。

　こういった機械的な運動は、新内や清元といった日本の音楽を伴奏にしてはほとんど不可能なことだったのです。だから彼はそれらを学校から排除し、西洋音楽のドレミと拍のシステムを、まだ伝統に染まっていない児童に与えることによって、あらためて近代的な感覚を持った「みんな」を作り出そうとしたのでした。

　明治初期の学制では「唱歌」は「体操」と同じカテゴリーに入れられています。音楽は芸術として「鑑賞」されるものではなく、西洋音楽の基盤となっている規律正しいリズムと音程を学ぶことで、これからの日本の役に立つ規律正しい身体を手に入れる、という、きわめて実利的な、近代的な「みんな」を作り出すために必要な装置として捉えられていたのでした。

「唱歌」＝「こころのうた」は、じつは「からだのうた」なのだ

明治時代の話なんて、平成が終わる現在とは全然違う、大昔のことでしょ？　いま関係なくね？　と思う方もいると思いますが、ところがどっこい、現在の教科書にも、この当時に教材として作られ、上述の目的を果たすために採用されてきた楽曲たちが全然普通に、「みんなでかならず勉強するもの」として使われているんですよ。

学校教育の大元締め、文部科学省の方から直々に、「授業のなかで、以下の歌のなかの数曲をかならず教えること」というかたちで、各学年それぞれに四曲ずつ、**「歌唱共通教材」**というものが指定されています。六学年かける四曲なので全部で二十四曲なわけですが、なんとそのうちの十三曲が、明治の終わりから大正時代に作られた「文部省唱歌」なんですね。半分以上です。しかも、残りの曲も昭和に作られた唱歌と、大正時代の「童謡」と、あと「わらべうた」と、さらにそれ以前の「日本古謡」（「さくらさくら」、あと、雅楽《ががく》の「越天楽今様《えてんらくいまよう》」！）

で、この「共通教材」に戦後の曲は一曲も選ばれていません。

なんでこんな選曲なの？　と、学校の先生用の「学習指導要領」などをいろいろと読んでみても、はっきりとした理由は書いてありません。共通教材は昭和三十三年に告示された指導要領から指定されはじめ、「我が国のよき音楽文化を世代を超えて受け継がれるようにする観点から」（平成二十年度の中学校学習指導要領解説より）選ばれた楽曲だ、ということです。そしてここから現在までの半世紀のあいだに何度かの指導要領の改訂がおこなわれましたが、レパートリーの基本路線は変わっていません。

つまり、敗戦時の大人が子供の頃に学校で習った歌――それが「尋常小学校唱歌」なわけですが――の中から、戦後の教育体系のなかでも問題がないと判断された歌を復活させたものが、現在の「歌唱共通教材」であり、ここにははっきりと戦前の、ということは明治期からの音楽教育が引き継がれているという訳です。

一年生で指定されているのは、「うみ」、「かたつむり」、「ひのまる」、「ひらいたひらいた」。二年生で指定されているのは「かくれんぼ」、「春がきた」、「虫のこえ」、「夕やけこやけ」……今回教科書を読み直しながら、あらためてこれらの歌を弾いたり唄ったりしてみたのですが、選択までの経緯はともかく、**「子供たちにドレミのシステムで歌を唄わせる」**という目的から考えれば、**これらの楽曲はじつに良くできている**、と思いました。

曲のテーマと、歌詞と、メロディーと、律動とかがちょうどいい大きさで一体となって間然するところがなく、声を揃えて唄っているうちに身体が十分に「西洋音楽」のルールを受け入れる状態にチューニングされてゆく。教科書側としては、「日本の伝統的なうつくしい風景を歌い継いでいきましょう」云々などと言っていますが、これらは明治以降の洋楽のスタイルで作られた、はっきりと「近代的」な音楽なのです。しかし、そういうこととは無関係に、ここで指定されている「唱歌」は、どれも傑作《けっさく》と言っていいと思います。

ここには、西洋の音階とリズムに、明治後期に生まれた――「新体詩」や小説における言文一致《げんぶんいっち》運動などの影響を受けた――あらたな「詩」のスタイルがぶつかって生まれた「あたらしい歌」があります。

自分たちの国語が、西洋近代のスタイルでも「唄える」ということを見つけた発見の喜び――平成も終わる寸前の現在では、新内や浄瑠璃《じょうるり》といった江戸期の音感はもう「普通」ではありません。しかし、これらの「唱歌」が作られた頃は、日常的に世間で唄われる歌のそのほとんどは、まだドレミの音程によるものではなく、「節」によってコントロールされる三味線音楽のサウンドと、擬漢語や和歌の流れを汲んだ近世的な詩が結びついたものが「普通」だったのです。そのなかにあって、これら「唱歌」はおそらく、とてもフレッシュなものに響いたのではないかと筆者は想像しています。

ところで、この「共通教材」ですが、「教育芸術社」の教科書ではこれを《**こころのうた**》という名称で掲載しています。「東京書籍」の方ではどうかというと、こちらは《**にっぽんのうた　こころのうた**》でした。

「こころのうた」……これは多分、「こころのとも」とか「日本のこころ」とか「こころの支え」とか「歌のこころ」とか、そういった言葉を意識して名付けたものだと思うのですが、まったく実のない言葉で、はっきり言って意味不明です。ちなみに教育出版の教科書は《**にっぽんのうた　みんなのうた**》という記載で、これはストレートでいいですね。この教科書を監修した、作曲家の故・三善晃《みよしあきら》さんの見識でしょう。

「こころ」とは実体がない精神的なものであり、ここで指定されている「うた」は、曲名も譜面もある具体的・実質的なものです。「(みなさんの)こころの(なかにあって欲しい)うた」の、このカッコ部分を省いたということなんでしょうが、こういうのは詐術《さじゅつ》のひとつですね。はっきり「唱歌」と呼べばよろしい。曖昧に、雰囲気で誤魔化そうとしているこの「こころのうた」という命名には、「共通教材」が戦前の軍国主義時代からつながる、強制的な身体のドレミ・チューニングを目的とした楽曲であった、ということを隠しておきたいという気配を感じます。教育の現場にあるまじき唾棄《だき》すべき不誠実さでしょう。むしろこれらは、これからドレミを覚えるための身体を養う**「からだのうた」**なのです。

鍵盤ハーモニカは「音程」の存在をほのめかす

さて、歌を唄って仲良くなり、「声をそろえてリズムをとって唄う」ということもできるようになったあとは、いよいよ**「鍵盤ハーモニカ」**の出番です。鍵

盤ハーモニカが日本に普及しだしたのは一九七〇年代、筆者が子供の頃にはもう一般的な楽器として授業で使われており、器楽といえば鍵盤ハーモニカとリコーダー、という印象があります。

実際、筆者も大学に入って自分で楽器をはじめるまでは、学校の授業以外ではまったく「器楽」に関わらなかったので、そのままだったら、触ったことがある音程の出る楽器はその二つだけ、ということになっていただろうと思います。

というわけで、鍵盤ハーモニカを吹いていた、ということについては確かなのですが、やっぱり、一体何をどのように授業で習ったのかは、まったくというほど思い出せないんですね。今回約四十年ぶりに小学一年生の教科書を読んでみて、わりとびっくりしたのは、先ほども少し書いたとおり、演奏の仕方を教えるその最初から「ドレミファソラシド」が出てきていることです。

指の体操をしてから、鍵盤ハーモニカに指を当てて、吹き口をくわえ、まずは**「ど と そ のいちを おぼえましょう」**。ということで、先生の演奏と歌で確認しながら、「ド」と「ソ」の音を親指と小指で押して吹いてみる……。先

回りして書いておくと、「ド」と「ソ」という音は、西洋音楽の体系のなかではどちらももっとも重要な役割を担わされている音であります。この二つと、あと「ファ」という音の三つからはじまる和音の感覚さえ掴《つか》んじゃえば、わりと結構適当にいろんな曲の伴奏ができてしまう。——おお、初歩の初歩からそういった組み立てを見越して「ド」と「ソ」の響きを弾かせるのか、と感心したのですが、ページをめくって先に進んでゆくとどうやらそうでもないみたいで、まずは理屈はともかく、唄った音と同じ音を鍵盤ハーモニカで出してみる、という練習が続きます。「ド」と「ソ」というのは単に、五本の指の端っこどうしということとみたいでした。

とりあえずこの段階では、「ドミソ」とは何か？　という説明はなし。そして五線譜と音符も、すでにこの段階で教科書に登場しますが、これも説明なし。説明はないまま、まずはいわば「みんなであそぶ」ことの延長として、音程のある音を楽器でいろいろと出してみて、「音楽には音程がある」というそのこと自体に注意を促してみる、ということが一年生で教えられることのようです。

「歌」以外にも「音楽」があるらしい

とにもかくにも楽器の音を自分で出してみながら、同時にこのあたりで「歌ではない、器楽の音楽を聴く」という授業もはじまります。**「いろいろなおとにしたしもう」**、**「ようすをおもいうかべよう」**ですね。一年生の教材では「シンコペーテッド・クロック」や「おどるこねこ」といった器楽曲が使われています。

先ほどから何度か取り上げている、先生のための授業指導書である「学習指導要領」を読むと、平成年度の音楽の授業の内容は、大きく**「A・表現」**と**「B・鑑賞」**のふたつを軸とする、ということが明記されています。

実際にはこのふたつは厳密に分けることができないので、それぞれが入り混じりながら、相互に学んだことをフィードバックさせるようにして（このことを要領では「共通事項」という名義でまとめ、重視しています）授業は進められていくわけですが、この二つをどんどん両方向に推し進めてゆくと、一方は「演奏や合唱といった生徒独自の音楽活動」に、そしてもう一方は、「ベートーヴェンの交響曲などをレコードやコンサートで聴いて味わう」といった活動に辿りつきます。その萌芽が、小学一年生の授業にはすでに用意されているわけですね。

　一年生では、トライアングルやウッドブロックを叩きながら器楽曲を聞くという内容になっており、この時点ではまだ生徒さんたちは「鑑賞」という作業をおこなっている意識はないと思います。しかし、これから先、椅子に座って動くことのできないまま、じっと流れてくる音楽に耳を澄ます、という、ある種の人にとっては退屈で苦痛でしかない「鑑賞」という時間が、音楽の授業のなかにははっきりと登場してきます。

　まだ先の話になりますが、この「鑑賞」の時間をいかに楽しいものにするか、ということが、もしかすると「音楽の授業を大人になっても役に立つものにする」最大のポイントになるかもしれません。

「鑑賞」という難問

　それはともかく、小学一年生の教科書の目次の最後の二つ、**「おとのたかさに**

きをつけてうたおう」、「たがいのおとをきこう」、「おんがくをたのしもう」は、以上の内容を展開したものです。また、書き忘れていましたが、小学校の音楽の授業は二年間をひとかたまりとしてカリキュラムが構成されることが基本とされています。一年生と二年生で教わる内容は、じわじわっと音楽的に高度になるものの、学ぶこと自体はほぼ同一です。ざっと小学二年生の教科書の目次を並べておくと、**「うたで　ともだちの　わを　ひろげよう」、「はくの　まとまりを　かんじとろう」、「音の　たかさに　気をつけて　うたおう」、「はくに　のって　リズムを　うとう」、「いろいろな　音に　したしもう」、「ようすを　おもいうかべよう」、「たがいの　音をきこう」、「音楽を楽しもう」**。――一年生の授業の展開型ですね。

歌を唄って「みんな」と一緒に何かをすることを覚え、楽器というものに触り、そこから音を出し、音には音程があって、それには名前が付いていることを教わり、いろんな「楽器の音」だけでできている「音楽」というものがある、ということがわかる……。平成日本の小学一〜二年生の音楽の授業を受ければ、だいたいこのようなことを覚えることができるようになっている、というわけです。すくなくとも、この教科書の内容を、年間約六十時限（＝週二回弱）を使って展開してゆけば、「西洋音楽」を理解したり、演奏できるようになるためのその基礎の基礎は、知識的にも、感覚的にも身につくのではないかと、今回教科書を読み直してみて思いました。

さて、学年が上がり、こうした「下地」を前提にしながら、ここからさまざまな「表現」と「鑑賞」の授業がおこなわれてゆきます。三〜四年生になって取り組むことになる課題は、ひとつは**「階名で唄う」**ということ。もうひとつは、それと密接に関わっていますが、**「器楽を演奏」**することを学び、実践できるようになることです。そして、五〜六年生になると、さらにここに**「音楽を鑑賞する」（とはどういったことか？）**という「難問」が付け加えられます。

音楽を「勉強」するということに、だんだん自覚的にならざるを得なくなってくる小学校中高学年の「音楽の教科書」を、ここからチェックしていきましょう。

不和を呼び込む「階名《かいめい》」の登場

小学校中学年（三～四年）の音楽の授業のほとんどは、一、二年生の授業内容を引き継ぐかたちでおこなわれますが、あらたにここから、**「階名になれよう」**、**「リコーダーに親しもう」**というふたつの科目が登場しています。

「階名」、つまり、「ドレミファソラシド」はこれまでの授業でも出てきていました。そもそも最初の**「うたでなかよしになろう」**から、教えられている歌はドレミで書かれていた訳ですが、ここから生徒さんたちははっきりと、**「自分たちが唄っている歌はドレミという記号に置き換えられて把握されるのである」**ということを勉強してゆくことになります。

さっそく、「ドレミで歌おう」（小原光一作詞／作曲者不明）という歌が教材として掲載されています。「みんなでうたおう～」と最初の四小節を歌詞で唄い、次の四小節を「ドシラソファミレ～」と階名で唄う、という八小節の楽曲で、この教材を使って生徒は、五線譜と四分音符、ト音記号と終止線という「西洋音楽の文法／記譜法の基礎」をあらためて学ぶことが指定されています。

歌を歌詞から切り離して、階名（あるいは音程）で覚えて、読んだり書いたり、唄ったりできるようになるということ。――じつは、ここで教えられることの「階名で曲をとらえる」という作業は、そのまままっすぐ音楽大学の受験などにもつながってくる、楽器演奏の基礎にして最重要となるものなのでした。

どんな歌でもだいたい、たとえば歌詞を見ながら繰り返し聴いて、それから実際に何度かカラオケとかで唄って練習してみれば、上手い下手はともかくとして、まあ、とりあえずなんとか唄えるような人がほとんどなんじゃないかなと思います。しかし、それを「ドレミ」で唄え、となった場合、逆にほとんどの人は全然無理、ってことになるのではないでしょうか。そんなの、音楽の専門教育をながいあいだ受けなければできない特殊技能だ、と思っている方も多いと思いますが、実はこの「階名で唄う」という練習は、**小学校の三年生の音楽の授業から義務教育のあいだじゅう、ずーっとやらせられていることなのです。**

この「階名」をめぐる授業の出来不出来が、「鑑賞」の意味を理解することとともに、皆さんのこれからの音楽生活と「学校の音楽」とが不和をおこすかどうかの大きなポイントのひとつである、と筆者は思っています。くわしくはのちほど述べますが、自分の歌声というきわめて「個人的」なものを、「階名」という「社会的」な規則に従って捉えることができるようになることが、「学校の音楽」が上手くできるようになるカギになるからです。

個人的には、小学三～四年生の授業はこの「曲を階名で唄う」ということだけをトレーニングさせるのが良いのではないか、と、今回自分で勉強しなおしながらあらためて思いました。が、実際の教科書ではここからすぐに、**「リコーダーに親しもう」**という課題がはじまることになっているのでした。

リコーダーは「歌」を「器楽」にした

先に確認しておきますが、小学校の音楽の授業において、「リコーダー」の演奏をマスターすること自体は**必修ではありません。**たとえば、学習指導要領では三年生と四年生の学年では、**《取り上げる旋律楽器は、既習の楽器を含めて、リコーダーや鍵（けん）盤楽器などの中》**から**《学校や児童の実態を考**

慮して選択すること》と記されています。つまり、生徒ひとりひとりに与えることができて、その指導が先生に可能ならば、学年全体でヴァイオリンをやってもいい訳ですね。目的は「器楽の演奏に親しませること」であって、ただし、現況では、やはりリコーダー、そのなかでも生徒さんの手の大きさにフィットする「ソプラノ・リコーダー」が、この学年時にふさわしい「旋律楽器」として、平成時代の音楽の教科書においてはほぼほぼ完全に導入されています。

おそらく、比較的廉価かつ丈夫である、ということが、学校教育に「リコーダー」が採用されている大きな理由ではあるでしょう。安くて壊れない――「みんな」で何かをするためにこれはとても大事なポイントでしょう。ところで、「音楽」的な側面からソプラノ・リコーダーという楽器の特徴を見てみると、

①音を出すのが簡単

②指で穴を押さえて発音体（笛）の長さを変えて音を出す、という、音程コントロールのダイレクトさ

③息の長さによって「音の長さ」（音楽用語でこれを「音価」といいます）の勉

強が体感できる

④演奏方法をマスターしてしまえば、一生楽しめるような豊富な音楽的蓄積がこの先用意されている

みたいな感じでしょうか。逆に欠点だと思われることは、

①口の中が見えないので、息および舌の動き（「タンギング」といいます）の指導と理解がまちまちになりがち

②和声が出せない（一度にひとつの音しか演奏できない、ってことです）

③音域が狭い

といったところでしょうか。

考えてみると、「ソプラノ・リコーダー」という楽器は、あたりまえですが、音程が「ソプラノ」であって、基本的にアンサンブルの一番高いところにいて、楽曲のなかで主にメロディーを担当する、ソリスト的な楽器なんですね。

この役割を担う人は、じつはそんなに数がいらない。サッカーにおけるフォワードみたいなものですから、授業でやるように、みんなでいっせいに高音だけでメロディーを練習して演奏するというのは、ほとんど**「ウィーン少年合唱団」**か！　って感じですが、そういった音楽はかなり特殊で、あんまり一般的ではありません。「ウィーン少年合唱団」も、実際にはアルトとソプラノの混声合唱であります。

リコーダーを習う、ということは、メロディーの吹き方を習う、ということで、これまで勉強してきた「歌」を「器楽」でやることが、ここで習う勉強となります。しかし、もしかすると、この「歌を器楽でやる」っていうことの「意味」が実感できず、ここで音楽の授業からドロップアウトすることになっちゃった人も、もしかすると多いのではないかと筆者は思っています。これは先ほど述べた、「階名」の勉強とも関わっています。

「自分の外側にも世界がある！」という経験

「うたでなかよしになろう」という課題にもあらわれているとおり、歌を唄うことは、根本的には、誰かとの対話であり、遊びであり、コミュニケーションの構築の一手段です。唄う人と聴く人がその場にいて、そこにやりとりがあれば、「歌」はどんなものだろうと立派に「歌」として成り立ちます。そこにはあらかじめ決められた規則というものは存在せず、毎回、その場その場で生まれては消えてゆく――歌とは、いわば、人と人との関係のなかに生まれる「現象」に近いものなのです。

器楽――楽器を使った演奏でも、じつはこのような「歌」のあり方を、そっくりそのまま成り立たせることができます。リコーダーを「ピー」と吹く。それを聴いて誰かが違う音で「ピョー」と答える。その繰り返しのあいだに他の誰かが大太鼓を「ドーン」と叩く……こういったやりとりから、いつのまにか、自発的にその場でのルールのようなものが生まれ、ゲームの延長みたいなかたちで、「音楽」が演奏されてゆく。こうした状態は器楽演奏の楽しみのひとつで、実際、教科書のなかでも**「いろいろな音のちがいを感じ取ろう」**といった課題では、まずは「音」が出るものを探して、手にとって、音を出してみる。で、出した音を聴きあって、それを組み合わせて遊んでみる、というところから、勉強する人たちを「器楽」の世界に導く工夫がなされているようです。

自分の外側にあるモノを鳴らしてみて、それを聴き、それらの音の組み合わせのなかに、ひとつの「世界」を発見すること。ここまで習ってきた「歌を唄う」という作業は、どちらかというと身体的なトレーニングであって、そこで覚えた歌を唄うための「声」は、自分の身体のなかにあるものなので、実は、自分自身でそこから距離を取って聴くことは非常にむつかしい。歌は現象的なものなのだ、ということを先ほど書きましたが、自分自身に起こっている現象を客観的に見るということは、大人になってもむつかしいことです。

そのような「声」ではなく、自分の外側にあって、何度でも繰り返し手に取ることができて、自分以外の誰かが触っても同じ音が出る「楽器」というものを通して、「音楽」というものを把握すること。――小学校中学年から高学年にかけてはじまる「器楽」の授業は、非常に大きな言い方をすれば、楽器という道具でもって「歌」と触れ合いなおすことを通して、「自分の外側にも世界がある！」ということを、もしかして、かなりの衝撃でもって経験することなのだろう、と筆者は考えます。

世界には「音程」を出せるものと出せないものがある

自分の声からいったん距離を取る道具としての「楽器」、その最初の楽器がはたしてリコーダーで正解なのか？　という疑問について、ここですこし考えておきたいと思います。

そういえば、小学校に入学したと同時に新一年生は、「鍵盤ハーモニカ」という立派な楽器にすでに触れていたはずではなかったでしょうか？　このあたり、じつは教科書を読んでもあいまいで、「鍵盤ハーモニカの演奏方法」をくわしく教える単元は、なぜか義務教育をとおして教科書のなかには出てこないんですね。

鍵盤ハーモニカは、一年次にドレミを確認させたぐらいで、以後「楽器」としてはほとんど触れられず、演奏方法を本格的に練習するページが割かれているのは、**もっぱらリコーダーから**なのです。

口にくわえて息で音を出す、ということで考えれば、リコーダーと鍵盤ハーモニカは同属の楽器です。この二つを授業で併用することが、「器楽」の世界――自身の外側に広がっている「音楽」の世界を感じとるための早道なのでは、と、筆者は思います。

この二つの楽器の音色はまったく異なっています。息を吹き込んで音を出す、というひとつの行為から、楽器によって、まったく違ったふたつの「音」が出る。そしてその音は、音色は違っていても、よく聴くと「同じ音程」であったりもする。こうした理解は、「音には音程がある」＝「音程がある音がある」＝「楽音の世界がある」ということを実感することに大きく役立つのではと思います。

さらに、それぞれが出すひとつひとつの音をメロディーとしてつなげてゆくことで、これまで唄っていた歌を「声」抜きの音で再現する――そうした再現から再び「歌」に帰って、これまで唄ってきた自分の声の「音程」というものを把握し直すという往復作業。教科書を読んでゆくと、旋律楽器としてのリコーダーの特徴を十分に生かす方向での勉強が多く、たとえば「リコーダーでのメロディーの上手な吹き方＝唄い方」まで視野に入れた学習が、小学三年生の最初からすでに用意されています。

しかし、この時点で必要なのは、唄をトレースすること以前に、まず「音程がある音がある」＝「楽音」というものが世界にはある。――そしてそれはあなたの声でも、リコーダーでも作ることができる、という「概念《がいねん》」自体を理解することではないかと思います。

「リコーダー」と「鍵盤ハーモニカ」と「自分の声」で、それに加えて「ピアノ」や「オルガン」なんかでも、それぞれ同じ音程を出すことができる。そしてそれが「同じ音程」だということを理解することができるそして、さらに、そういった「音程」を出すことのできないモノも――空き缶とか、机とか――身の回りにはたくさんあるのだ、と、「楽音」の世界とその他のものを比べて考えることができるようになること。

筆者はこのことが「音楽」――学校が前提としている「西洋音楽」――の世界に入

り込むための第一歩であると思います。なので、このようなことを何となくでも理解できるようになったなら、小学校三〜四年生までの音楽の勉強は十分OKなのではないかと筆者は考えます。

「音」と「音楽」のあいだ

「概念」というむつかしそうな言葉を、いまついうっかり使ってしまいました。英語で言うと**「コンセプト」**。英語にするとなんだか分かった気になりますが、小学生に「概念」なんつっても分かんないんじゃないの、と、これを読んでいる大人の方々は思うかもしれません。

ところが意外と子供たちも、「ものの考え方そのもの」は、ほとんど大人と同じかそれ以上の繊細さでもって把握している、と筆者は思っています。把握はしているのですが、往々にして目の前にあるモノと自分との係わり合いの楽しさの方に意識が向かってしまいがち……みたいな感じでしょうか。

あらためまして、具体的な「音」と、概念としての「音楽」とのあいだを、な

んども往復するようなかたちで勉強を進めてゆくことは、これから先もずっと必要になってくる作業である、と言っておきたいと思います。むしろ、この往復作業こそ「音楽を勉強する」ことそのものなのだ、と言えるかもしれません。

小学校三～四年生の時点で、生徒さんたちの「歌の声」は、まだほとんど「音」の領域にあるものだと思います。このような「音としての声」を、楽器の音と聴き比べる作業を通して、「音楽」という体系のなかに導き入れるための作業が、小学校の教科書の課題には豊富に含まれています。

楽器と声を互いに合わせてみて、その共通領域を探ってみること。――この作業を進めるために必要となるのは、まず何よりも、**自分の声を聴く**、ということです。簡単なようでこれがむつかしい！

「音痴《おんち》」の克服

この本を書くにあたって、しばらく参考図書や資料をいろいろと探して読んでいたのですが、そのなかに、『「音痴」克服の指導に関する実践的研究』（小畑千尋・多賀出版・二〇〇七）という文献がありました。

この本は、先行研究における「音痴」という概念の明確化、学生に対する「音痴」意識の調査、「音痴」意識のある成人への指導実践例の提示と分析……といったマジメな研究書なのですが、なかでも、自分を「音痴」だと思っている方に、その方の意識や事情をヒヤリングしながら歌唱指導をおこなう、という実践例のリポートがとても勉強になりました。

指導を受けた方のひとりは三〇代の専業主婦（論文中では「J」さんと記載）で、その方は生後五か月の長男（同「K」くん）が「自分とおなじような音痴にならないか」という不安を持っていたそうです。それで、大学の先生の紹介を通じて、彼女の自宅で個別歌唱指導と分析がはじまりました。

レッスンの最初の頃は、Jさんは課題をうまく唄えた時でも、繰り返し自分の歌唱に否定的な言葉を返していたそうです。以下、指導した小畑さん（文中「T」）の分析です。

《その原因は、第一に、自分の発した声そのものに注意を向けることが

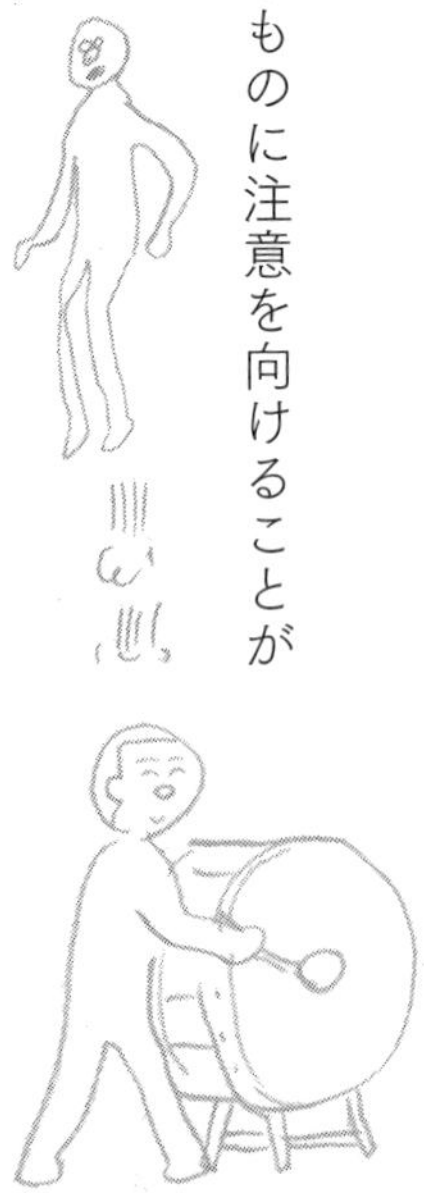

できなかったためと考えられる。Jは歌う時、飛ばすように速いテンポで歌い、Kくんのために絵本を読み聞かせる際も速く読んだ。これに対して、歌う時のテンポについては、Kくんに聞かせることを想定してゆっくり歌うように指示し、絵本については、ゆっくり読む必要性を説明し、実際にTが読み聞かせる例を示した。Jが課題ができたことを肯定的に受け入れられない第二の原因としては、Jが、自分の声を聞いて、音高・音程を正しく模倣できたか、できないかについて、内的フィードバックができないことが挙げられる。Tからの音高・音程について合っているという外的フィードバックがJに与えられても、J自身による内的フィードバックができないために、音高・音程が合っている実感がわかないのである。

第一回でのレッスンで練習した曲のほとんどを、第二回まで、自主的に練習することが継続できなかった原因も同様で、自分自身で音高・音程に関して内的フィードバックができないため、練習を継続する自信がないことが推測できる。（前掲書）》

そこでTさんは毎回積極的かつ頻繁《ひんぱん》に、Jさんに「いまは合ってました」、「いまのは低いです」といった音程に関する「外的フィードバック」を繰り返しおこない、何度かのレッスンの後、Jさんから「自身の歌声を自ら聞くことに肯定的になってきた」という反応を引き出すことに成功します。

以後、Jさんの音程は著しく改善をしはじめます。ここから分かることは、つまり、Jさんはそもそも自分の発している声を聴いていなかった——もっと正確に言うと、**自分が言ったり歌ったりすることを、（自分も含めた）「誰か」がきちんと聴いてくれる、ということ自体に不安を感じ、信じていなかった、**のです。

まずは自分の出している音を「聴く」こと。でも、それは、誰かが自分の声を聴いてくれて、それに対して適切に反応してくれることの繰り返しを通じてしか、実現できないことなのです。

できたことをできた、と認める＝認めさせる関係を次第に強く構築しながら、約一年間十三回のレッスンを通じて、Jさんはピアノの伴奏にあわせても唄うことができるようになり、積極的に唄いたい歌も自身から提示するようになりました。

読んでいて筆者が何より感動したのは、レッスンの後半、Jさんが息子のKくんに絵本を読んであげる際に、だんだん「声に抑揚が出て、表情が豊かに」なってきた、というところです。

レッスンの最初のころは、Jさんは自分の**発話／発声を、自身のお子さんですら聴いていない／聴いてくれない**もののように扱っていたのです。この自己否定の原因については（当然ながら）この本で考察はされませんが、これは、**「自分の声を誰かが聴いていていてくれる」**という安心感が**「自分の声はあなたに届く」**という自信と行動につながった素晴らしい例だと思います。

小学校の授業においては、このようなマン・ツー・マンでの指導はほぼ不可能だと思います。しかし、同じ歌声にあらわれているそれぞれの生徒の個性を聞き分けることは、一クラス分の斉唱においても十分に可能です。最良の歌唱をいきなり目指すのではなく、まずは「聴く」こと。「聴き取る」、「聴いているということを示す」、「それによって生徒に自信を持たせる」という作業が、学校においても、声を音楽へとチューン・インさせてゆく第一歩になるのだと思

います。

この音ときれいに響く音はどこ？

音楽教師のほとんど（すべて？）は、専門的な音楽教育を学び、修め、「西洋音楽」が大前提としているドレミのシステム――いわゆる、十二等分平均律と機能和声の世界については、すでに十分な知見を持っているはずです。

おっと、先ほどの研究論文の影響で（高校生の諸君、ちゃんとした論文とは百頁からの引用箇所みたいな文体で書くものなんですよ）、つい文章が硬くなってしまいましたが、えーと、一旦がっちりとある体系のなかに入り込んでしまうと、その外側にあるものや、そこにこれから入り込もうとしている人たちの状態って気が付きにくくなることも多いんですよね。これからある体系のなかに入ってゆく状態の人は、**だいたいみんなが不安です。**

ピアノやリコーダーは、正しい操作によって音楽で使う音が取り出せるように作られていますが、人間の声帯はドレミを出すことを前提として作られてい

るわけではありません。「声」の世界はもっともっとひろい。そのひろい世界を「楽音」というきわめて限られた体系に適応させてゆくことが、小学校の音楽の授業ではおこなわれるというわけです。

教師にとってドレミから始まる音楽の世界は当たり前のものですが、生徒にとってはそうではありません。それは生徒ひとりひとりの身体の外側に、自分の声や自分が演奏できる楽器とかと触れ合いながらもやもやっと広がっている見知らぬ世界です。しかもそれらは、どうやら数百年前から存在していて、知らない記号やルールが山盛りで、それを間違ったら叱《しか》られたりする、格式ばった、ずいぶんと厳しい世界らしい……そのような緊張を強いる場所に子供を誘い込まなくてはならないのですから、まずは、それらの世界のルールを身に付けた教師が、その魅力を十分に信じて、自分の身体から離れた「器楽演奏」＝「楽音」の楽しさを具体的に見せてあげることが大切なのではないかと、筆者は思います。

具体的に先生が何かの楽器を演奏してみせるのが一番良いと思うのですが、卒業試験や専門教育で取り組むことが少ないリコーダーという楽器は、そういう点では教師にとっては若干不利かもしれません。

あんまり練習したことのない楽器では、器楽の世界の魅力を堂々と展開するには無理がある。曲が上手く吹けなかった場合は、そこはひらきなおって、生徒たちと一緒に、ドレミの音程で作ることのできるもっとも特徴的な世界である「ハーモニー」について練習してみるのというのはどうでしょうか。

まず「ド」の音を出してみる。ピアノに合わせて、声で、リコーダーで、みんなで、それぞれ、ひとりひとり、組になって……音楽の学習にはいろいろな組み合わせがありますね。おんなじ音だ、ということを確認したあと、では、この音と一緒に鳴らして、きれいに響く音はどこでしょう？　といったかたちで、まずは音には「音程」があるってことをみんなで一緒に確かめてみる。

はじめに見つかるのは、たぶん、「ド」の上の「ド」――つまり、「オクターヴ」上にある同じ音なんじゃないかな、と思います。この二つが**同じ音で、かつ、高さが違う！**　ということが**器楽的に理解**できることが、「音階」を演奏できるようになるための基礎の基礎になります。

メロディー以前の、このような「音程」の聴き比べから、いったいどんな音が「きれいに響く」のかを生徒たち自身に考えさせる、という授業も面白いと思います。いろんな楽器で試してみると、おそらく、ドとソ、や、ドとファ、といった、西洋音楽であらかじめ教えることが決まっている、「これはきれいに響く！」とされているサウンド以外にも、たくさんの意見が出てくるんじゃないか、と想像します。その音をピアノで確かめて、さらにそこから、たとえば多くの人になじみの深い、「起立・礼・着席」の響きを確認したりして……と、音程どうしの組み合わせから「機能」も生まれる、というところまで意識することができるような授業になれば最高ですね。

音が鳴っていないところにも「リズム」はずっと流れている

このような「楽音」における「音程」の要素を互いに聴き取る、という作業と同時に、「拍」を数えること、つまり音楽の「リズム」の側面についても、ここで勉強しておくのがいいと思います。実際、小学校の教科書に掲載されている教材の多くには、「拍」を捉える課題が含まれていますが、音程の指導に気を取られて、「音の長さ」や「休みの長さ」に関してはあいまいなまま進んでしまうことが多いのではと思います。

リコーダーは息で音の長さを変えられるので、身体で拍を刻みながら、全音符、二分音符、四分音符、と、音の長さを変えながら演奏してみて、で、譜面に書かれている「音符」が、音の長さを示す「音価《おんか》」というものの指示も含んでいる、ということをみんなで実感してみる。リコーダーはそのためにはもってこいの楽器です。

その時に大事なのは、「休符」というものを意識することです。実を言うと、自分で自分のことを「音痴だ」と思っている人の多くは、音程よりもむしろリズム、**特に休符の位置できちんと音を休むことができていない（ということを自分でわかっていない）**のが原因なのではないか、と筆者は思っています。

大勢で一緒に音を出したときに、音程があいまいでも、メロディーの「節」というか、音をのばすところ、止めるところ、はじめるところ、が掴めていれば、けっこう唄えている感じになるものです。でもこれが、一人だけ先に出ちゃったり、止まり損ねたりしちゃったりすると、てきめんに目立ってしまうので、「ああ、失敗したなあ」ってことで、どんどん唄うことに臆病になる。あと、リズムがずれると、まわりの人と当然、その時に出している音程もズレてくる。しかし、そのとき当人には**何がズレているのかわからないことが多いはずです。**なので、「いまはリズムが違ってましたね」ということを、教師が聴き取って指摘してあげるのは重要なことなんですよ。

そして、小学校の中・低学年生というのはだいたい、唄っているときは集中しているのですが、休んでいるとき、**声を出していないときは、アタマのなかはまったく別のことを考えている人が多いです**（筆者もそうでした）。音を出していないときは音楽から落っこちちゃってる人が多いんですね。そして、それは外からは見えません。

入るところで、先生が「はいっ」と声をだして合図をしたらあわてて戻ってきたりして。だからたとえば、「休符」というものだけをみんなで練習してみるっていうのも面白いと思います。

演奏していないときでも、「休符」という長さでもって、音楽は続いている。

休符が書いてあるところでは、その休符の長さのぶんだけしっかりと止まるということを自覚する。

つまり、**音が鳴っていない部分にも「リズム」は流れている**んだ、ということを感じとること。この練習を繰り返しおこなうことで、日常の時間とはまた異なった規則をもつ「音楽」の世界のリズムに慣れることができるのではないかと思います。

とても基本的な事ばかりですが、基本だからこそ、ここでしっかり実感して、これから先にひろがる「西洋音楽」の世界への抵抗感を減らしておきたいところです。このような基本的な練習のために使える教材は、探してみると、教科書のなかにじつはけっこう掲載されているように思います。

一般的な「音楽ができる人」のイメージは、だいたい ①楽器ができる ②譜面が読める ③歌が巧《うま》い……みたいな感じだと思うのですが、それ以前にまず、「器楽演奏」の初歩でつまずかないように、互いの「声」や「音」を具体的に聴き合いながら、そして、それを教師が随時「音楽の世界」の内側へと位置づけて示してあげながら勉強を進めることが大事なのだと思います。

聴くことによる「美的経験」

リコーダーを使った有効で楽しい授業について考えているうちに、ついつい長くなってしまいました。ところで、ここまでの段で解説してきた事柄は、もっぱら、「学習指導要領」中では**「A・表現」**にあたる内容のものになります。

平成年度の音楽の授業の内容は**「A・表現」**と**「B・鑑賞」**のふたつを軸としているということは先述しました。小学一年生の時にすでに**「ようすをおもいうかべよう」**という「音楽」を聴く課題が設定されてあるわけですが、だいたいこのあたり、小学生の後半の時期から、いわゆる「席に座って黙って音楽に耳を澄ます」という、**「鑑賞」**の授業が本格的にはじまります。今度はそちらについて見ていきましょう。

小学三～四年と五～六年生の「鑑賞」の目標は後述するようにほぼ同じで、じつは一～二学年も同様なのですが、それはシンプルに言うと、**「音楽を聴いてそのよさや美しさを感じ取るようにする」**というものです。

そのための「鑑賞教材」の例として、三～四学年では、

(ア) 音楽の要素及び音色の特徴を感じ取り、聴く楽しさを得やすい楽曲
(イ) 劇の音楽、管弦楽の音楽、郷土の音楽、人々に長く親しまれている音楽など、いろいろな種類の楽曲
(ウ) 独奏、合奏を含めたいろいろな演奏形態による楽曲

という指定があり、五～六学年では、

(ア) 音楽の構成及び音や声の重なりによる響きの特徴を感じ取り、聴く喜びを深めやすい楽曲
(イ) 歌曲、室内楽の音楽、箏（そう）や尺八を含めた我が国の音楽、諸外国に伝わる音楽など、いろいろな種類の楽曲
(ウ) 独唱、合唱、重奏を含めたいろいろな演奏形態による楽曲

となっています。あまり違いはありませんね。

要するに、いろんな音楽を聴いて、**「音楽にはさまざまな形式や構成、編成によるものがあるってことを理解し、その理解から美的経験を得ることができるようになる」**ということを、「鑑賞」の授業では目指しているというわけです。

たとえば、三年生の鑑賞教材として取り上げられているのは、教育芸術社の教科書では『トランペットふきの休日』（ルロイ・アンダーソン）や『アレグロ』（モーツァルト）、『メヌエット』（ベートーベン）など。四年生になると『バディネリ』（バッハ）、『ガボット』（ラモー）、『クラリネット・ポルカ』（ポーランド民謡）、『つるぎのまい』（ハチャトゥリヤン）などです。まずは金管や木管といったオーケストラに使われる楽器の音色のヴァリエーションに親しませ、また、展開がはっきりした曲で「楽曲の構成」というものを意識させる、といった内容になっているようです。

そして、五年生では『ハンガリー舞曲』（ブラームス）、六年生ではヘンデルの『歓喜《かんき》』およびホルストの『木星』と、ついにオーケストラ曲の「鑑賞」が登場します。

また、教育出版の場合は、『ハンガリー舞曲第五番』（ブラームス）、『運命』（もちろんベートーヴェン）、『シェエラザード第一楽章』（リムスキー・コルサコフ）、『新世界より　第四楽章』（ドボルザーク）、さらに「ジャズとクラシック音楽の出会い」として『ラプソディー・イン・ブルー』まで、聴き覚えのある曲総ざらえで、「鑑賞」にはずいぶんと力を入れています。

東京書籍の六年生の教科書はベートーヴェンのピアノソナタと七重奏曲を比べて聴き、あとはモーツァルトのホルン協奏曲と『アルルの女』（ビゼー）。――なんとなく各出版社であまり曲がかぶらないようにしているのがちょっと面白いですね。

このまま小学校上級学年の、つまり五～六年生の音楽の教科書の内容へと入りましょう。

黙って聴いて理解せねばならぬ

まずは、五～六年生における「表現」領域を見てみましょう。この時期は、これまで勉強してきた課題の仕上げとして、歌では二部合唱が取り上げられ、器楽はリコーダー、鍵盤ハーモニカ、パーカッション、そして時にはシンセサイザーなども含めた合奏がおこなわれることになっています。さらにそこにナレーションなども含めて、舞台で発表できそうなドラマ仕立ての作品を創作してみよう！　など、多彩《たさい》な課題が教科書のなかには用意されています。

もちろん、そのすべてをやるようなカリキュラムが組まれる必要はなく、掲載されているもののなかから教師が丁度良い量を選んで授業を進めていくのでしょうが、パラパラとめくってみただけでも、その「表現」用の教材のヴォリュームの多さには圧倒されました。

『ラバース・コンチェルト』（十六小節の四部合奏）など、かなり高度な内容のものも多く、ここらへんについてゆくためには、やっぱり、三〜四年生の「器楽演奏の基礎勉強」をしっかりやらないと、と思うのですが、ドレミの意味がおぼろげに分かり、休符の場所もしっかり休めて、リコーダーの音でとりあえず合奏までできるようになったという人でも、もしかすると、このあたりで登場する「クラシック音楽」の「鑑賞の時間」に退屈して、すっかり、「音楽の授業はつまんない！」みたいに絶望した過去を持つ方もいるのではないか、と筆者は想像します。

というか、**ワタシがそうでした。**筆者は子供のころはとにかく落ち着きがなく、元気だけは良かったので、合唱などでは逆にハタ迷惑なくらい大きな声を出したりしてたと思うのですが、たんに席に座って、見るものも読むものも与えられないまま、ひたすら（いま思えば二十分にも満たないくらいの時間だったと思うのですが、当時はほとんど無限！　に感じました）歌詞もない音楽を聴かされるってことは、退屈をとおりこして苦痛でしかありませんでした。ただ単にじっと黙って音楽を聴く、ということの魅力に取り付かれはじめたのは、ずっと下って、中学生の終わりのころの話になります。

これまでの授業は、ここまで読んできていただけたならお分かりになると思いますが、何はともあれ、みんなでそれぞれ手や口などを動かして、自分たちの身体で歌なり楽器なりを覚えるという、いわば「能動的」に取り組む内容が中心になっていました。そこで学んできたことは、単純だったり稚拙だったりしたとしても、それはやはり生徒たち自身の工夫や努力によって生れた、自分たちの「表現」だったわけです。

「鑑賞」は違います。「鑑賞」とは、**自分とは別なところですでにできあがっている音楽を、ただ聴いて理解する、**という勉強です。ただ黙って聴く。聴いて、聴こえてきたものを理解して、味わう。どれだけリコーダーが巧くなっても、合唱ができるようになっても、鑑賞教材を聴いているあいだは、「ピュー」とリコーダーを吹いてそこに加わることはできません。おしゃべりも、立って歩くことも禁止です。席に座って、スピーカーから聴こえてくる、またはコンサート・ホールや公会堂や体育館などでオーケストラが演奏する音楽をひたすら受身で聴くことが「鑑賞」という課題の内容なのです。

「芸術」としての音楽という謎《なぞ》

そもそもこれまでの音楽の授業では、ずっと唄ったり踊ったり、笛を吹いたり太鼓を叩いたり、つまり、「いまこの場所で音楽を作る」ということができるようになるための練習をしてきたわけです。それが突然、「そこに座って黙って、すでにできあがっている音楽を聴きなさい」という話になって、いまのこの場所からは切り離された「音楽」を「鑑賞」するという勉強がはじまる。聴きながらいろいろと、同じメロディーが出てきたときに挙手して指摘する、みたいな作業もありますが、基本的にはじっと座ったままでおこなわれる授業です。

いままでは言ってみれば、ずっと「現在形」で授業は進められてきたわけですが、そこにいわば「過去」が入ってくる。これまで自分たちで「やる」ものだった「音楽」が、自分の手や声から離れて、もうすでに仕上がり終わった「作品」として目の前にあらわれる。遊び道具だと思っていたものが、いきなり手元から取り上げられて、高い棚の上に飾られてしまい、もうただ下から眺めることしかできない何かに変わってしまう。とまどっても当然です。そういった儀式的な作業に馴染みがない子供にとっては、ここで強制される「音楽を鑑賞する」という行為は、はっきり言って「謎」です。

「聴く」ということでしか関わることのできない「音楽」がある。これまで授業で勉強してきた「聴く」行為は、みずから音を聴いて、聴こえたことについて互いに話をして、それによって鳴らされている、聴こえている音楽自体を変えてゆく、というやりとりを目的としたものでした。「鑑賞」における「聴く」という行為は、これとはまったく異なったものです。わたしたちがそれをどのように聴いたとしても、聴かれている音楽自体はまったく変わりません。自分がどのように関わっても決して変わらないものを「聴く」こと。このようにして聴かれなければならない「音楽」があるということ。——このようなことを理解するところから、**「芸術作品として音楽を理解する」**という勉強がはじまります。

音と音の関係性——「純音楽」という理念

じつは、これまでにおこなわれてきた「表現」の勉強のいろいろも、このような芸術としての音楽を理解し、親しむための導線としての配慮がなかったわけではありません。

声を楽音にチューニングして、ドレミで唄い、二部や三部の合唱をおこなう。リコーダーを吹けるようになり、さまざまな楽器の音を聴き分け、理解する。いろいろな曲を聴きながら、そこに含まれている展開部分を見つけて、遊んでみる。こういった勉強によって、わたしたちはまず「音」を「音楽」として捉えることを学んだわけです。つまり、音という具体的なモノに触れながら、それらが組み合わせられることによって、あるひとつの全体がかたち作られてゆく——それひとつだけでは意味のない「音」が、他との関係性のなかで「音楽」として響く、といった経験ができるように、教科書にはさまざまな課題が用意されています。

そして、**芸術としての音楽を聴く、**ということは、音楽におけるこの**「音」と「音」との「関係性」を、すでに完成されている過去の作品を通して聴き取ることができるようになる、**ということなのです。

西洋音楽は——このあたり、詳しいところは中学校に入ってから勉強しますが——十八世紀半ばから十九世紀半ばにかけて、「音楽」を作る素材を、「オクターブを十二等分に分割して作った音程」の調律に統一し、また、それによって作られる響きを「機能和声」という体系でまとめあげることによって、音楽を音と音との関係以外の要素から切り離して、他のなにものともかかわりを持たない、いわゆる「純音楽」を作り出す道を切り開きました。

話がむつかしくなってすみません。たとえば、絵画の場合で考えてみましょう。「ナポレオンの戴冠式」とか、「キリストの受難」であるとか、絵画においては、何にしてもそこに「描かれている題材」にこそ価値がある、と考えられている時代が長かったわけです。みんなが見たい場面とか人の顔とかが具体的に再現されてそこに描かれてあるかどうかが、その作品の評価と大きく関わってくる、みたいなことです。

でも、「音楽」が直接、そういった「何かを再現」する作品にはなり得ないことは、お分かりいただけるかと思います。西洋音楽は、特に宗教的な祭事と切り離されたあとには、何かを再現することではなく、自分自身でもって自分を支え、自分を表現するということに、自身の価値を見出しました。自身の外側にあるものにその成り立ちをたよらない（これを「自律」といいます）きわめてピュアな作品を生み出すことに——より正確に言えば、そのように聴き手が受け取ることのできる作品を生み出すことに——、西洋音楽は成功したのですね。

軍国主義への反省

外部からの評価ではなく、自らのルールでもって作品を生み出してゆく音と音との関係性＝「形式」こそが、音楽作品の内容であり、価値であるのだ。――ハイドン、モーツァルト、ベートーベンなどの「音楽」に、音楽家はもちろん、同世代の、あるいは後世の人たちはそのような「意味」を見出したのです。

このような「純音楽」＝「芸術」を聴いて得られる経験が「音楽美」であり、そしてこのような「音楽美」の経験こそが、人間の理性と豊かな情操を育むのである――戦後の音楽教育の定礎をおこなった作曲家・音楽教育家の諸井三郎は、敗戦後はじめて作られた学習指導要領（昭和二十二年）において、「鑑賞」の目標を、「音楽美の理解・感得を行い、これによって高い美的情操と豊かな人間性とを養う」こと、とはっきり宣言しました。

ここには戦前から戦中におこなわれた音楽教育が（それこそ「唱歌」からはじまる近代的な「音楽」の教育が）、結果として軍国主義をサポートすることになったことへの反省が込められています。

諸井が示した「鑑賞」による教育の理想が、戦後教育のなかでどのように受け止められ、批判され、継承されてきたかについては、『クラシック音楽は、なぜ〈鑑賞〉されるのか　近代日本と西洋芸術の受容』（西島千尋・新曜社・二〇一〇）に詳しいので、興味がある方は参考にして欲しいのですが、現在の「学習指導要領」の、《表現及び鑑賞の活動を通して、音楽を愛好する心情と音楽に対する感性を育てるとともに、音楽活動の基礎的な能力を培《つちか》い、豊かな情操を養う。》という文言には、「純音楽」が体現している近代的美学をめぐるこのような理念が、まだまだ十分に反映しているように思います。

取っ散らかる「日本の伝統音楽」教育

小学校で教わる内容の範囲を超えてしまいましたが、「芸術としての音楽」とか「音楽の形式」といった話は、中学生の教科書を読みながらのちほどたっぷりやりますので、お楽しみに。

要するに、小学校で目指され、指導されてきた「音楽」の授業というものは、ほとんどもっぱら「音楽を演奏する」ことを通して「音楽を愛好する心情」を育てるという内容だったわけです。しかし、自分が演奏しないまま、ただ「聴く」＝「鑑賞する」ことによる勉強も、特に中学校に入ってからは重要視されることになるので、覚悟しておきなさい、という話でした。

また、忘れずに付け加えておかなければならないのですが、小学校の四〜六年生から、「日本の音楽に親しもう」ということで、**「日本の伝統音楽」**を勉強することがはじまります。さきほど引用した五〜六年時の「指導要領」の中に《箏（そう）や尺八を含めた我が国の音楽》とあるのがそれですね。

よく教科書を見ると、たとえば教育芸術社のものなどには、小学校一年の教科書からずっと、裏表紙に「祭りと楽器」という説明で、各地の「伝統的な」祭りとそこで使われている楽器が紹介されています。このように、いわゆる「クラシック音楽」のそれとはまた異なったかたちで、「地方の伝統音楽」を「鑑賞」する授業が、小学校においてもすでに設定されているのでした。

この課題は昭和期にはほとんど見られなかったものです。「こころのうた」を述べたときにも少し触れましたが、調べてみると、平成元年告示から六年生の共通「歌唱」教材に雅楽《ががく》の「越天楽今様《えてんらくいまよう》」が入るようになり、その後、琴や三味線を聴いたり、大太鼓や締《しめ》太鼓を実際に叩いてみたり、五線譜に書かれた八木節を合奏させたり（！）といった、かなりとっちらかった課題が、平成半ばの小学校の教科書から見られるようになってきます。

これは二〇〇六（平成十八）年の「教育基本法」の改訂において、大きく「伝統と文化を尊重する態度」を養うための教育が義務付けられたことからはじまった取り組みだと思われます。その後どうやら着々と《生徒が我が国や郷土の伝統音楽のよさを味わい、愛着をもつことができるように工夫すること》といったかたちで課題の内容が明記されるようになっており、中学高校においてはかなりきっちりと「日本の伝統音楽」を学ばせる教材が教科書には掲載されています。

詳しくは次章の「中学校の音楽の教科書」で説明します。が、実はこれ、**「世界の音楽を聴こう」**という課題とバーターになっており、世界各地の「民族音楽」を「鑑賞」するという勉強の一部分として扱うものになってるんですね。今回確認して驚いたのですが、平成十年改訂の学習指導要領において、中学校では、「和楽器については、三学年を通じて一種類以上の楽器を用いること」ということになっている。つまり、現在の二十五歳以下の人たちはみな、中学校時代に三味《しゃみ》線《せん》とか箏《そう》とか尺八《しゃくはち》とか、なんらかの和楽器を習ってる！ んです。

このことが平成の音楽教育の現在にどのように影響を与えているのか。中学、高校の教科書を読みながら、これからゆっくりと考えてみたいと思います。

第1章　まとめ

さて、平成時代の小学校の音楽の教科書を読んでみました。まとめとして、教科書の使い方に関して、習う方も習わせる方も、こういったところをおさえておけば、この六年間で勉強することへの自覚が芽生えて、楽しくスムースに授業が進められるのではないかと思ったものを簡単に箇条書きにしてみようと思います。

①小学校では西洋音楽の、いわゆるドレミのルールを学びます。当たり前、と思うなかれ。これは歴史的な経緯と選択があってのことでした。

②ドレミの勉強で大事なのは、音程もそうですが、休んでるとき

も拍を刻んでキープできるという、いわゆるイン・テンポの能力です。拍を取りながら（可能ならば、数えながら）動いたり唄ったりできるようになればしめたもの。

③器楽を演奏するということは、自分の外に出る経験です。自分の声と、器楽で出した音っていうものを、交互に聴き比べながら、「楽音」っていうものの世界に入っていってみてください。

④そこから戻って、何人かで声を合わせる「合唱」という作業を楽しんでみること。歌じゃなくても、二人できれいに響く音程を探すだけでもけっこう楽しいです。

⑤相手の声を良く聴くこと。自分の声を良く聴いてもらうこと。

⑥CDなどを聴く「鑑賞」の授業では、そこで聴こえる楽器のひとつひとつを実際に見せて、そこからどのような音が出るのかを確認して、それからあらためて組み合わせて響かせ、それが「いろんな楽器の組み合わせでできてる」ということを

理解できるようにする。ホントは生のオーケストラにそういったレクチャーをやってもらうのがいいんですが……。

みたいな感じでしょうか。

このあたりで義務教育の第二段階である中学校の音楽の教科書へと進みたいと思います。

ご卒業、おめでとうございます！

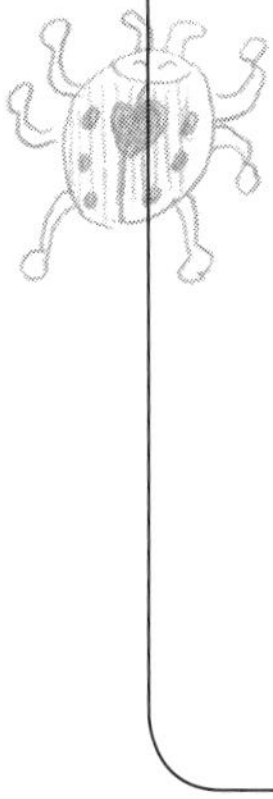

の教科書

第2章 中学校の音楽

どんどん増えてる「日本の伝統音楽」

中学校ご入学、おめでとうございます。

個人的には筆者は、中学時代はホント胸クソ悪い思い出しかないので、なーにがメデタイものかと書いたその指で思ってしまいましたが、この頃に出会った様々な「音楽」のおかげで、なんとかこの時期を切り抜けることができました。学校とかクラスとか、家とか環境とか、そういった自分ではどうにもならないものから距離をとるために、筆者にとって「音楽」はとっても大切な役割を果たしてくれました。

しかしながら、学校で習う音楽は、残念ながらやはり当時はまったくなんの役にも立てることができず、いま思えばこれはもったいなかった。タイミングと心の置きかた次第で、おそらくもっとたくさんこの時期に音楽を学ぶことができたはずだと、いまになって思います。そんな自分の経験を肥やしにして、中学の音楽の授業をみんなで楽しく使えるものにするためのアイディア（これを「方便」と呼びます）を、小学校に引き続き、実際の教科書を確認しながら探ってゆきたいと思います。

さて、平成時代の中学生の音楽の教科書は、『中学の音楽1』、『中学の音楽2・3（上）』、『中学の音楽2・3（下）』および『中学の器楽』の四冊で構成されています。指導要領が「一学年次」と「二、三学年次」というかたちでその目標が分かれており、また、『器楽』は、「器楽指導については、指導上の必要に応じて、管楽器、打楽器、鍵盤楽器、電子楽器及び世界の諸民族の楽器を適宜用いること。また、和楽器については、三学年間を通じて一種類以上の楽器を用いること。」ということで、三年間をとおして随時《ずいじ》いろいろな楽器を練習するようなやりかたで授業が進められてゆくため、独立した一冊となっているようです。

ちなみに中学の音楽の教科書を出している出版社は「教育出版」と「教育芸

術社」の二社。それぞれ指導要領に寄りそいながら、監修者の個性が発揮された内容になっているわけですが、平成期にはなんとどちらも七回も!(元年、三~四年、八年、十三年、十七年、二十三年、二十七年)内容が更新されていて、そのたびごとに題材のマイナーチェンジが繰り返されています。

ちなみに教科書というものは、その内容が検定を通過して、各学校の採用部数なんかが決まって実際に出版されるまでは三~四年ほどもかかるそうです。けっこうな大事業ですね。更新のたびごとにいろいろと内容に変化があるのですが、もっとも目立つのは「和楽器」および「日本の伝統音楽」を教える教材が、平成が進むにつれてどんどん増えていっていることでしょう。

戦後の音楽教育の変遷についての調査と研究は、この本の目的ではないので軽くふれるだけにしますが、戦後すぐの、昭和二二年~三十五年あたりの中学の音楽の教科書はほぼ西洋音楽一辺倒で、あっても雅楽の鑑賞と民謡についてさっと触れるくらい。

この時期は日本の作曲家の楽曲もそれ以後にくらべてかなり少ないのですが、音楽理論系の内容に関しては現在よりもぜんぜん詳しく、たとえば、中学三年までで「近親調」や「五度圏《けん》表」まで教えるっていう、これマスターできてたら歌もピアノも余裕じゃん、みたいなレベルで、しかし、これはやはり理想主義的すぎたのか、その後、授業時間数の調整も含めて、このような「楽典」を取り扱う割合は引き下げられていったようです。

そういった状態のなかで平成がはじまり、小学校の章でも少しふれましたが、**「郷土の音楽」**および**「日本の伝統音楽」**に関するページがさまざまなかたちで登場します。

教科書の半分が和太鼓《わだいこ》・箏《そう》・三味線《しゃみせん》・篠笛《しのぶえ》・尺八《しゃくはち》だった

たとえば、昭和六十一年に検定され、平成元年に発行された『改訂・中学の器楽』においては、いわゆる邦楽は、歌唱教材としては民謡二種類とわらべ歌、器楽としては、「日本の太鼓」という大雑把《おおざっぱ》な名前の二ページが、しかも、《和太鼓の代わりに、小太鼓（響き線なしで）、トムトム、木箱、たるなどを使用するのもよい。ばちは小太鼓のばち（逆さに使用する）や、固めの木を使用する》

という註釈付きで、まあ、ほとんど、「とりあえず載せとくか」的な扱いで掲載されています。

しかし、平成元年改訂の指導要領から、「表現」においては、**《我が国及び諸外国の民謡並びに古典から現代までの作品のうち、平易で親しみのもてるものを取り上げる》**という一文が入り、鑑賞教材も、**《我が国及び諸外国の古典から現代までの作品、郷土の音楽及び諸外国の民族音楽を使う》**という指定が入り、以降、その内容が大きく変わることになります。

しかし、先生たちも、そんなに簡単に生徒に「邦楽」は教えられない。ピアノや声楽ならやってきたけど、「我が国の郷土の音楽」の楽器とか演奏法とかをマスターして先生になった人はこの時期（おそらく、現在も、だと思いますが……）、ごく少数のはずです。

平成三年改訂の「器楽」から太鼓に加えて「箏」が登場します。ここでは一頁弱のイラスト付きでの解説のみ。平成初期の器楽のメインは「アルト・リコーダー」および「アコースティック・ギター」で、太鼓や箏は奏法解説もレパートリーもこの二つの教材に比べてないも同然の扱いですね。

ところが、その次の次の改訂にあたる平成十三年ヴァージョンあたりから状況が変わりはじめます。ここでの「箏」は、弦の名前や弾き方、座り方、楽譜まで含めて堂々の六ページ扱い。この他、和太鼓も「鋲打太鼓」と「締太鼓」をきちんと区別して教え、そしてあらたに「三味線」と「篠笛」と「尺八」が、実際に演奏される「器楽」として掲載されています。

さらに進んで平成時代ラストの二十七年改訂になると、なんと、上述の邦楽器の解説と演奏方法とそのレパートリーのページ数が、リコーダーとギターを足したものを上回るという事態になっています。「器楽」の教科書のほぼ半分が、平成の終わりの現在、「和太鼓」「箏」「三味線」「篠笛」「尺八」によって占められている！　いやー、知りませんでした。

箏の曲なんて、冒頭の図版でも取り上げましたが（二十頁）、五線譜に加えて、漢数字や記号で書かれたいわゆる「縦譜《たてふ》」も載っていて、これって先生、ちゃんと弾いて教えられるんですかね……というか、箏とか三味線とか尺八って、いまふつうに学校においてあるんですかね……？　と、いろいろと心配になったので、知人の先生と若い友達に連絡して実際のところを聞いてみました。う

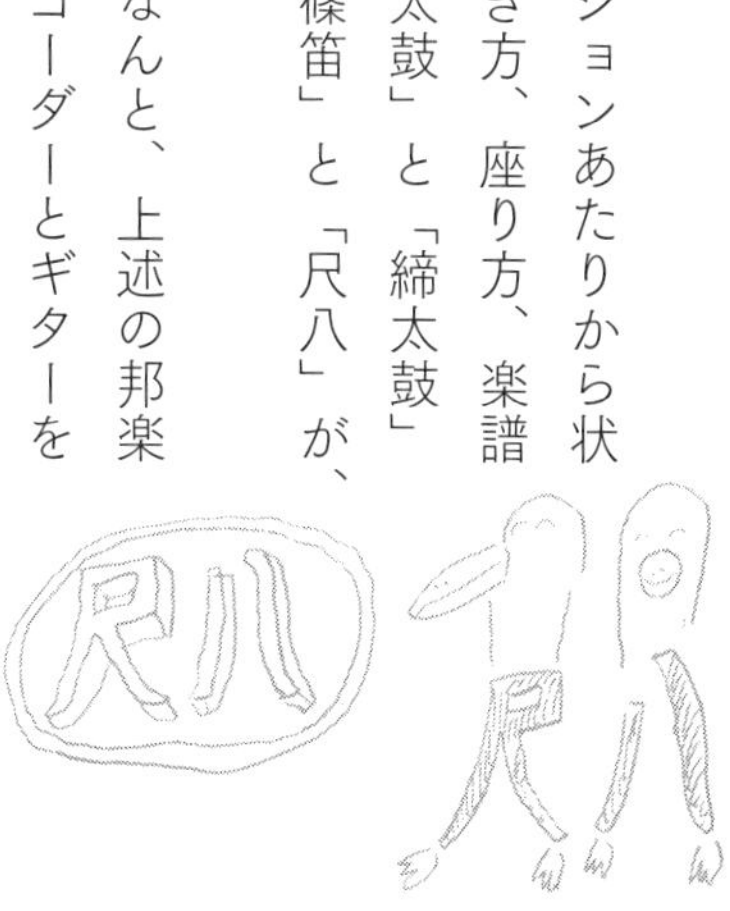

かがった話を総合すると、邦楽の演奏の授業はやはりきちんと時間をとっておこなわれているとのことです。なのですが、学校にある楽器の数はまったく十分ではなく、メンテナンスも大変なので、みんなで音楽室でいろいろな楽器を触っているだけで一単元くらいはすぐに終わってしまうとのことでした。また、「器楽」の演奏だけでなく、「鑑賞」の分野においても、平成後半の音楽の授業ではがっちり「邦楽」を聴く時間が取られている様子でした。

ドレミのルールに静寂《せいじゃく》の美学はない

『中学生の音楽・1』（平成二十七年改訂・教育芸術社）を開くと、最初の見開きにはここ数年各地で開かれているいわゆる音楽フェスの紹介があり――クラシック系のものばかりで、ロック／ポピュラー系のもの、たとえばフジロックなどは載っていません――、その次の見開きに「静けさと日本の音」と題して、「観世音寺《かんぜおんじ》の梵鐘《ぼんしょう》」の写真と、芭蕉《ばしょう》の発句《ほっく》「閑《しず》かさや岩にしみ入る蝉《せみ》の声」が掲載されています。

解説に曰く、《私たち日本人は古くから、鐘や水の音、虫や鳥の声を俳句に詠むなど、さまざまな音に喜びや感動をもって耳を傾けてきました。また同時に、その音を引き立てる「静けさ」をも味わってきました。

ときには静けさの中に身を置いて、身近にある美しい日本の音に耳を傾けてみましょう。また、そうした音の聞える環境を後世に残していくにはどうしたらよいかを考えてみましょう。》

中学から高校の教科書になってくると、こういった**ポエムめいた**「提言」のページがだんだん目立つようになってきます。「考えてみましょう」と書くだけで、その「考え方」に対する指導は何もないので無責任なかぎりですが、平成二十年に改訂された、現行の指導要領の「総則」において、かなりがっちりと以下の「道徳教育」の促進が、「全教科共通」のものとして指導されていることを受けての対応だと思われます。

《道徳教育は、教育基本法及び学校教育法に定められた教育の根本精神に基づき、人間尊重の精神と生命に対する畏（い）敬の念を家庭、学校、その他社会における具体的な生活の中に生かし、豊かな心をもち、伝統と文化を尊重し、それらをはぐくんできた我が国と郷土を愛し、個性豊かな文化の創造を図るとともに、公共の精神を尊び、民主的な社会及び国家の発展に努め、他国を尊重し、国際社会の平和と発展や環境の保全に貢献し未来を拓（ひら）く主体性のある日本人を育成するため、その基盤としての道徳性を養うことを目標とする。》

一文が長い！　**長すぎる！**　いろいろ詰め込みすぎ！　引用するのがイヤになる悪文ですが、教科書を作る人たちはこんな話を一応、それぞれの学科に反映させなくてはならないわけですよ。

「さまざまな自然音を楽しむこと、そしてその環境を守ること」などの話自体には文句はありませんが、音楽の授業でこれまで生徒さんたちがやってきたのは、もっぱら西洋音楽のドレミのルールを身につけるための勉強です。そして、**ドレミのルールのなかには、静寂を楽しむといった美学はありません。**

平成中盤から現在にかけての中学生の「音楽の教科書」の特徴は、このように、「西洋音楽」の規則とその芸術を教えながら、日本の「伝統音楽」も含めた、非西洋的な音楽の世界についても積極的に紹介を試みはじめているところだと思います。

世界各地にひろがっている、そのようなさまざまにローカルな音楽は、だいたいにおいて、西洋音楽とその「良し」とするところが異なっています。中学生はここで、これまで勉強してきた「西洋音楽」の教育を基盤としながら、世界にひろがっている「諸民族の音楽」のひとつとしての「日本の伝統音楽」の特徴を学ぶ、という、なんだか複雑な勉強をはじめなくてはならないのです。

無理があるしちょっと非常識

他の科目、たとえば国語や社会や算数に、上述した「伝統」に関する指導要領がどのように反映しているのかを確認してみるのは面白い作業になるかもしれません。

それはさておき、「小学校の音楽の教科書」の章で解説したとおり、そもそも日本の音楽教育は、現在「日本の伝統音楽」と呼ばれている近世日本音楽の、その**ほぼ全面的な否定からはじまっている**のです。その頃町に溢れていた、それまでの日本の音楽文化のメインである「三味線伴奏の歌」たちはとりあえずそのまま放っておいて、学校のなかではそれとは別の、ドレミにもとづいた近代的な音楽を子供に教える、と。

振り返ってみると、小学校の教科書には、「郷土のお祭り」などの教材が高学年になったところで登場していましたが、教育の中心はやはりドレミの音感の習得です。いまでもまず我々が義務として学ぶのは、明治以降にはじまった「西洋音楽」なんですね。

この基盤の上に、中学になってあらためて「伝統音楽」が乗っかる。教科書を見ると、一年生では箏曲《そうきょく》の「六段の調べ」、尺八の「巣鶴鈴慕《そうかくれいぼ》」、また、「ソーラン節」などの「日本各地の民謡」を「表現」として教わることになっています。

二〜三年生では「日本の音階を使って旋律をつくろう」といった課題や、歌舞伎の「勧進帳《かんじんちょう》」や人形浄瑠璃《にんぎょうじょうるり》の「新版歌祭文《しんぱんうたざいもん》」、それに雅楽《ががく》の「越天楽今様《えてんらくいまよう》」

を聴いて理解するといった「鑑賞」の授業が始まります。能の「羽衣《はごろも》」を見て、模《も》範《はん》演奏を聴き、その謡《うたい》を真似してみる、といった「表現」もありました。あと、日本各地の郷土芸能を教えるということで、自分たちが住んでいる地域の「芸能」を調べる課題も用意されています。

しかし、たとえば「勧進帳」の長唄ひとつとってみても、普通に習うならばお師匠さんにマンツーマンで稽古を付けてもらって、三味線もある程度さらって、カタチになるだけでも一年やそこらじゃききません。能や雅楽なんて真似事レベルでも実践するのは到底無理。そもそも雅楽はもちろん、能も歌舞伎も民謡も、それぞれが別の伝統、別の目的、別の演奏方法によって受け継がれてきたものであって、ひとまとめに「日本の伝統音楽」という同じ箱に入れて扱うこと事態がきわめて非常識なことなんですね。

学校では教えない「日本の伝統音楽」と、学校で教える「西洋音楽」

では、どうしてそんな非常識な教育をおこなっているかというと、ひとつには、平成に入ってからは、昭和の半ばまでは豊富にあった「ポピュラー邦楽」の音感が世の中から消えてしまった、ということがあるのではと思います。

「ポピュラー邦楽」とは聞きなれない言葉だと思いますが、ここでは、江戸期に醸成され、明治・大正を通過し、昭和の戦後まで保たれてきた、長唄《ながうた》・常磐《ときわ》津《づ》・清元《きよもと》・新内《しんない》・小唄《こうた》（および、浪曲《ろうきょく》と音頭《おんど》）といった「三味線歌謡」の総称として使います。これらの歌は、歌舞伎という娯楽《ごらく》と、遊郭《ゆうかく》という「遊び場」を二大ジェネレーターとして生み出され、日本の庶民が自分たちの楽しみのために代々受け継いできた、きわめて民族的な「伝統音楽」の、そのもっとも太い流れです。

先述したとおり、明治から現在にまでつながる音楽教育は、学校からまずこれらの、ドレミにもとづかない「伝統音楽」を遮断《しゃだん》することではじまりました。

しかし、これらの音楽の持つ生命力は、学校から締め出されたことぐらいではびくともしない、日本の社会を最大公約数的に反映させた、まさに地付きのポピュラー・ミュージック＝歌謡曲です。

この「ポピュラー邦楽」を基盤にして、そこに唱歌によって覚えたドレミの響きが重ねられ、あたらしいポップスとしてのジャズやタンゴが新大陸から輸入され、また、日本が植民地とした朝鮮半島のメロディーが導入されて、戦争によるゴタゴタが落ち着いてきた敗戦後、「演歌」を中心としたいわゆる「昭和歌謡」の全盛期が訪れます。

昭和三十年から五十年くらいまで、と大雑把に言っておきましょう。昭和歌謡の代表選手は美空ひばりです。若い方たちは名前も聞いたことがないかもしれませんが、お父さんやお母さんはきっと知っているでしょう。戦争中に生まれた彼女は、新内や浪曲、小唄といった「庶民の娯楽」としての「ポピュラー邦楽」を親から教わりながら育ち、戦後にどっと入って来たモダンなアメリカン・カルチャーも楽勝で身につけ、それらのサウンドを統合することで「演歌の女王」となりました。

彼女が体現していたのは、「学校では教えない」ポピュラー邦楽＝日本の伝統音楽と、「学校で教える」西洋音楽、および、その音感にもとづいたアメリカン・ポップスの響きとをきわめて自然に融合させたウタ――つまり、戦前と戦後をまたいでつながる昭和の音楽そのものです。美空ひばりの唄声のなかに、昭和の聴き手たちは、自分たちが引き継いできた歌の伝統とその更新のあり方を聴き取ったのでした。

彼女は数多くのヒット曲を残し、昭和に殉《じゅん》ずるかのように、元号が平成に代わったその年の六月、五十二歳の若さで逝去《せいきょ》しました。そして、美空ひばりの死と期を合わせたかのように、平成時代の流行歌のなかから「ポピュラー邦楽」の要素が、まるで揮発するかのように消えていきます。

平成に生まれたみなさんのなかで、リアルタイムで流行った新曲としての「演歌」を覚えている人はいらっしゃいますか？　大ヒットした氷川きよしの『箱根八里の半次郎』は平成のリリースでしたね。じゃあ、その他はどうでしょうか？　または浪曲の、清水の次郎長伝を一節《ひとふし》うなれる人は？　お母さんから小唄を教わったことがある人は？　家に三味線がある人とか？　まあ、ほとんどいないと思います。でも、こういった「ポピュラー邦楽」は、美空ひばりがそうであったように、学校教育とは無関係に、親から子へ、子から孫へといったかたちで、昭和の終わりまではその唄い方が引き継がれてきたものだったのです。

その「伝統」が、平成に入ると見事に切断されます。平成の世の中で口ずさまれているポピュラー・ミュージックは、リズム、メロディー、和声、唄い方すべてふくめて、その作りは完全にドレミにもとづいた「洋楽」です。そこにはすでに、これまで学校教育が遮断しようとしていた「ポピュラー邦楽」の響きは存在していません。

どうしてそのような断絶が生まれたのか？　ということについては、複数の理由が絡み合って、としか答えることができず、長くなりそうなのでここでは省略します。大事なことは、ついこのあいだまでわれわれは、**あらためて勉強する必要もないくらいに、「ポピュラー邦楽」というかたちで「日本の伝統音楽」を受け継いできていた、**という事実です。

そしてグローバル化を終えた音楽だけが残された

確かに、能や人形浄瑠璃や歌舞伎、雅楽といった日本の伝統芸能は、他のどこにも見られない、きわめて個性的な音楽を含んだ、素晴らしくゆたかな文化のひとつです。これらの芸能と拮抗できるような立派な「文化」を、明治以降の近代日本が生み出せているか？　と考えると、特に「音楽」というジャンルに限ってみた場合、それはかなり微妙だと思います。

小学校の章でちょっとふれた「新内」という音楽は、江戸時代の遊郭で育まれた情緒たっぷりの物語を語る歌謡曲です。江戸期の流行音楽のラストランナーである「清元」は、歌舞伎の伴奏音楽としてはじまりながら、節だけを口ずさんでも楽しめるような粋《いき》で軽妙な流行歌でもありました。

どちらもかなり艶《つや》っぽい歌なので、子供向きではないという理由（とは書いてはありませんが、たぶんそうでしょう）で教科書には載っていませんが、このように、近世の「三味線音楽」の世界はものすごく広大で、しかもそれぞれが独自の深さを持っている。

心中しようとする男女を描いた「明烏《あけがらす》」（たしかに中学生に教えるような内容ではありませんね……）などに代表されるように、そこで唄われた詞やものがたりは、すくなくとも昭和の終わりまでは、「心中」という言葉がニュースで普通に使用されるようなかたちで、わたしたちの日常を支える倫理と感覚に十分に浸透していました。

こうしたゆたかな「伝統」に対抗するために、明治以降の日本の音楽教育は「唱歌」によって「歌声の近代化」を図ろうとしたわけです。「唱歌」からはじまる音楽の「西洋化＝近代化」は、実は、世界のすべての「近代的国家」が試みてきた事業であって、ことさら日本だけのものではありません。近代化は、イコール西洋化であり、それはイコール世界標準化であり、いま流行の言葉で言えばグローバル化の第一歩です。

たとえば、前章でもご紹介した、日本の音楽教育の祖である伊沢修二が学んだメーソンは、アメリカの音楽教育学者であり、南北戦争後のアメリカにおいて、子供たちを教育するためのあらたな歌の研究に取り組んでいた人物です。彼はアイルランドやドイツ、スコットランドといった国々の民謡を取り上げ、それを「アメリカ語」に翻訳して普及《ふきゅう》させました。明治唱歌を代表する「蛍の光」はスコットランド民謡にもとづいた楽曲ですが、それはメーソンによってまずアメリカ大陸に移植され、そののち、その弟子である伊沢によって明治唱歌に移し変えられた——つまり、**「別の国でも繁殖《はんしょく》可能」**という**「グローバル性」**が確認されてから、後進の独立国家日本にやってきた歌だったのです。

明治から平成までの一五〇年間で、日本の音楽の基本は見事に「グローバル」なものになりました。しかし、再度ここで問うてみますが、そのあいだに何か、たとえば能や歌舞伎のそれと同じほどに個性的で深みのある「芸能／音楽」を生み出すことができたか？　答えは、残念ながら、公式にはＮＯといわざるを得ません。

「公式には」と留保を付けたのは、先述したとおり、わたしたちはつい最近まで、「日本の伝統音楽」と「西洋音楽」をミックスさせた「歌謡曲」というかたちで、近世的な日本の音感を日常的に引継ぎ、再創造してきていたからです。そして、その世界は、グローバルな視点から見ても実に個性的で、奥行きの深いものです。しかし、それらの魅力は学校では教えてくれません。教えなくても勝手に流行っていた、ということで言えば、これこそ「伝統的なもの」というに相応しい音楽なわけですが、こうした音楽もいつのまにか消え、平成時代のわたしたちの手元には公式的にも、非公式的にも、「グローバル化を終えた音楽」だけが残されている。こうした場所において、**《我が国と郷土を愛し、個性豊かな文化の創造を図る》**といった文部科学省のスローガンが掲げられたという訳です。

いま手元にないものを学ぶ、という点において、これは明治時代の「唱歌教育」と同じです。当時の人間がドレミに苦労したように、そして「日常にない」それらの音感を学校で習うことに疑問を感じたことと似たような事態が、平成時代の「伝統音楽」の学習にはおこっているのでは、と思います。

中学校の教科書で「伝統音楽」として、いわば同じジャンルのものとしてまとめて教えられている、たとえば箏曲と歌舞伎と雅楽は、それぞれまったくその作り方も、演奏される場所も、音楽上の目的も異なっています。しかし、これらの音楽は、近代日本のドレミ教育以前の個性を、世間とは別の特殊な場所に囲い込んで保存してきた、という一点において、共通しています。その一点だけをもって、学校はこれらを同じ箱に入れて教えているというわけです。

明治から昭和にかけて、変形しながら受け継がれてきたものとしてではなく、その変形がはじまる前の「近世」にまで一気にさかのぼって、「グローバル化」以前の「日本の伝統」を再発見し、それを学ばせようという姿勢が、平成時代の学校の音楽の授業には存在しています。

「民族音楽」と「伝統音楽」

「日本の伝統音楽」を学ぶことと同時に、平成時代の教科書になってあらためてはっきりと導入されたのは、「世界の民族音楽」を聴く、という課題です。

「中学生の音楽1」で取り上げられている鑑賞教材は、「アジア各地の音楽に触れ、そのよさを味わおう。」と題された**「アジア諸民族の音楽」**。ここでは、パキスタン、モンゴル、中国、朝鮮半島の「民族音楽」を取り上げて、日本の伝統音楽の響きと比較しながら聴いてみましょう、という指導がなされています。

教科書を読みなおしてみて気がついたのですが、世界各地の音楽を取り上げる時には「諸民族の音楽」と記述し、そして、日本の音楽については、かならず「伝統音楽」または「伝統芸能」と教科書では書かれているんですね。民謡や歌舞伎は「日本」の「伝統音楽」であって、それを「民族音楽」とは呼ばない。細かい話ですが、教科書では必ずそうなっています。それはなぜか。ちょっと歴史の話をします。

「民族」という言葉は、十九世紀から二十世紀の世界において、政治的にもっとも強力なキーワードのひとつでした。というのも、二十世紀は世界の各地で、特にアフリカやアジアで、それまで「国」としてまとまることを阻まれていた「民族」が独立し、「民族自決」という言葉の下で、自分たちのあらたな「国」を作り出していった時代だったからです。

「国」の前にまず、ある文化を共有している「民族」がいる。その人たちが集まって、自分たちのことは自分たちで決める、という政治的なまとまりを作って、土地を得て独立し、建国する。多民族の寄り集まりによって作られたアメリカ合衆国のような国もありますが、いずれにせよ「民族」の方が起源が古いんですね。

そして、民族はかならずその文化を持っている。逆に、ある文化を共有している人たちのことを民族と呼ぶ、と言うべきなのかもしれません。言語、服飾、食生活、儀式……いろいろな文化があって、そのなかに「音楽」もある、というわけですね。ロマ民族のように、国を持たなくても個性的でゆたかな音楽文化を持っている民族もいます。アメリカ合衆国の音楽は、世界各国からアメリカに移り住んだ民族の、その民族音楽の複雑な集合体です。

日本の音楽はどうでしょうか。たとえば、『中学生の音楽2〜3』で取り上げられている「日本の郷土芸能」。日本各地で伝承されている音楽や芸能は、明治以降に整備された近代的な「国」のシステムより古い起源を持った、それぞれに個性が異なった、言ってみれば日本各地の「民族音楽」です。音楽だけで考えるならば、日本の各地方にはそれぞれ固有の音楽を持った民族がいて、その上に公式の音楽、つまり、音楽の教科書で教えられる音楽が折り重ねられて、明治以降の日本の音楽は成立しています。

日本は単一民族国家である、という主張は、明治政府が唱えた（そして現在まで踏襲《とうしゅう》されている）政策のひとつですが、これは「大日本帝国」として近代国家の仲間入りを果たす際に当時の日本が選んだ、選ばざるをえなかった「民族自決」のための「観念」です。

このあたり、詳しくやると社会科の授業になってしまうので、深く掘り下げることなしに進めますが、これまでも書いてきたとおり、日本の各地にあるさまざまな「邦楽」をそのままに、明治政府は「民族自決」のための公式な音楽として「洋楽」の教育を選択しました。

この時、日本は、これから作られる洋楽による音楽文化を公式の「日本民族の音楽」と設定したのです。そして、その他のものは過去のもの、古い時代に属するものとしてひと括《くく》りにしてしまおうとしました。この選択をいまだに引き継ぐようなかたちで、「各地の民族」といった「地理的・空間的」なものではなく、もっぱら「時間的」なカテゴリーに属するものとして、「伝統音楽」という言葉が選択されている、というわけです。

面倒な話なので長くなりました。民族と伝統にまつわる問題は、音楽においてはこのように複雑なので、教科書としては多分、あまり触れたくない部分なんじゃないかな、と筆者は思いますが、興味あるいは疑問をもった生徒のみなさんは、社会科や国語の授業が教える「日本」とリンクさせながら、中学校の音楽の時間に教えられる「伝統音楽」の世界を見直してみて欲しいと思います。

「伝統芸能」の生空間に入り込もう

実際、歌舞伎も能も、そして地方の伝統的なお祭りも、それがおこなわれている現場に行って鑑賞するならば、とにかくいろいろな見所があって、一発でその魅力にハマっちゃうひとも多いのではないか、と思います。

特に、歌舞伎。絢爛豪華な舞台セットと衣装、化粧、音楽、役者たちの仕草の見栄えは、まさにヴィジュアル系の元祖で、やはり日本文化の華のひとつでしょう。

また、歌舞伎の最大の魅力は、語りと唄を絶妙に混ぜ合わせながら、さまざまな日本史のエピソードをパッチワークして作るケレンにみちた物語にあります。石川五右衛門《いしかわごえもん》、民谷伊右衛門《たみやいえもん》、法界坊《ほうかいぼう》、お嬢吉三《じょうきちさ》その他もろもろ、そこにはそれこそ少年ジャンプの連載でもおっつかないヤバいキャラクターがたくさ

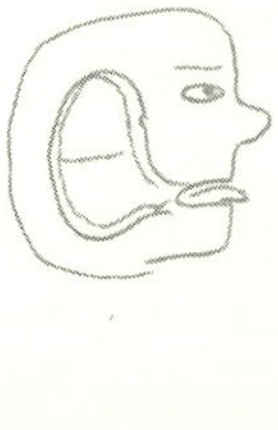

ん出てくる。ぜひともここは我が国の伝統である歌舞伎の悪漢たちの振る舞いを学んで、先生は生徒たちにその物語の楽しみを教えてやって欲しいと思います。

そして、このような「芸能」は、現場に行って生の舞台を見ることでしかその魅力を経験することはできません。みんなで歌舞伎座に行くのは無理だとしても、どの地域でも、なんとか生の歌舞伎の舞台に触れる機会を作ること。これはぜひ文部科学省の急務にして欲しいと筆者は思います。

学校の教室でモニターで映像だけを見たり、ましてやレコードでその「音楽」だけを鑑賞して終わりということになっては、ホントにもったいない。義務教育として教えるなら、全国の中学生が一年に最低一回は、どのようなかたちであれ劇場でこのような舞台の生に触れる必要が絶対にあると思います。教科書では歌舞伎をオペラ『アイーダ』と比べながら学ばせるページがありますが、こういった「総合芸能」は、劇場という空間と切り離して教え、学ぶことはできません。

まずは、劇場に行ってみてはじめて気がつくことができるものがある、ということを理解するのが大切です。芸能の空間に実際に入り込んでみること。歌舞伎ではなく、ミュージカルでも、演劇でも、なんだったら寄席で落語を見るということでもかまいません。通年で稼動している劇場が近くにないという地域も多いと思いますが、それでも探してみると、公会堂や公民館ではいろいろな邦楽芸能の催事がおこなわれているはずです。

歴史の第一の条件は、地理である、という言葉は、英国の首相だったウィンストン・チャーチルのものです。文化についての勉強は、まずは自分たちが生活している場所の特質を理解するところからはじめるべきです。学校のまわりには、どのような建物があり、どのような商売がおこなわれていて、どんな人が住んでいるのか。そして、そのどこに地域の「芸能」が存在しているのか。そのような「地域についての勉強」を、芸能に直接触れにゆく、ということをとおして、中学の音楽の授業のなかにも積極的に導入してゆくべきだと筆者は思います。

「科学的精神」と音楽

しかし、それまで自分たちの民族には存在していなかった異国の音楽を、いかに建国のためだからとはいえ、あたらしく自分たちの「文化」として迎え入れるなんてことが、そんなに簡単にできることなんでしょうか？　結果的には実際にやってしまったのだから「すごい……」の一言なんですが、しかし、これは、「洋楽」というものが持っていた特殊な音楽的傾向に大いに与かって実現されたものなのだと言うことができるでしょう。

これまでに学校の授業で勉強してきた「洋楽」の出自は、上記までの話の流れで言うともちろん、シンプルに「ヨーロッパ地方の民族音楽」です。というか、どんな音楽だってもともとはどこかの民族音楽なわけですが、唯一、ドレミの音楽は、十八世紀の半ばから、ある一地方、ある一民族の枠を超えて、あたかも自分が「世界のすべての人がその美しさを享受できる」文化である、といった考え方を持ちはじめます。

「洋楽」を生んだヨーロッパ世界の歴史についての知識は、中学生の読者の方の場合はまだ曖昧だと思いますが、「欧米諸国があらたな市場や原料を求めてどんどんアジアに進出し、その結果、鎖国状態であった日本も開国を迫られて、江戸幕府が倒れ、明治時代がはじまった」といった話ぐらいは、みなさんもご存知ではないかと思います。

ヨーロッパ諸国とアメリカ合衆国(一七八九独立)は、世界の他の国々にさきがけて「近代社会」を成立させました。近代社会の特徴は……なんて話は大きすぎて、さすがにここで丁寧に進める余裕はありませんが、ひとつだけ言えば、観察や実験によって自然の法則を明らかにし、世界を客観的にとらえようとする「科学的精神」が、工業・商業・政治・芸術といったすべての分野の発展の基盤となった、ということでしょうか。

夜空の観察から地球が動いているという仮説を立て、カミナリから電気を取り出し、蒸気の力で機械を回し、物質を原子・分子として捉え、人間を解剖して内臓の働きを分別し……といった「科学的」な態度から、多くの思想と産業が生み出されました。いまわたしたちが暮らしている社会は、このようなヨーロッパの「科学的精神」の成果に多大な恩恵を受けて成立しています。

そして、このような精神の働きは音楽にも適用されました。

音楽とは、音の集合体である。音とは、空気の振動である。振動は、数として記述できる。音楽とは物理現象であり、それは原子や分子のような最小要素に還元できる――ヨーロッパ人はもちまえの科学的精神を十分に発揮し、もともとは宗教的儀式に深くもとづいていた「ヨーロッパ世界の民族音楽」から「自然の法則」を引き出して理論化し、それが物理現象とおなじような規則によって作られた、つまり、世界の誰でもが理解し味わうことができる客観的なものなのだ、という立場を取るようになりました。

音楽が「崇高《すうこう》な芸術」になるまで

二、三年が使う中学の音楽の教科書、ちなみに、教育芸術社版は「耳でたどる音楽史」、教育出版版は「日本と西洋の音楽の歩み」というタイトルで、日本と世界の「音楽史年表」が掲載されています。

年表のなかで、ハイドン（一七三二～一八〇九）、モーツァルト（一七五六～

一七九二)、ベートーヴェン(一七七〇～一八二七)らが登場する「古典派の音楽」の時代から二十世紀までの約百年のあいだ、ヨーロッパ音楽はいわゆる「クラシック」として、「すべての芸術は音楽の状態にあこがれる」と同時代の批評家、ウォルター・ペイターが述べたような、ほとんど特権的な「芸術」の地位を手にします。

ヨーロッパ社会はこの時期、「フランス市民革命」に代表される歴史的な大変動期でした。「アメリカ独立戦争」もこの時期の出来事です。教科書に掲載されているこの時期の音楽家たちの作品は、これらの社会的事件を支えた「理性」の賜物として受け取られ、国王や法王が代表する古い権力を打破し、近代精神にもとづいた「市民」たちの手によって社会が運営されてゆくことのシンボルとして、ヨーロッパ地方(ローカル)だけのものではなく、ここからはじまるすべての「近代的」な社会・国家に広く受け入れられてゆくものになりました。

アメリカの音楽批評家、マーク・エヴァン・ボンズはその著書、『「聴くこと」の革命』において、おもにベートーヴェンの交響曲を取り上げながら、一八〇〇年をまたぐ数十年のあいだの器楽曲を研究し、そこで音楽が「思想を伝え、真

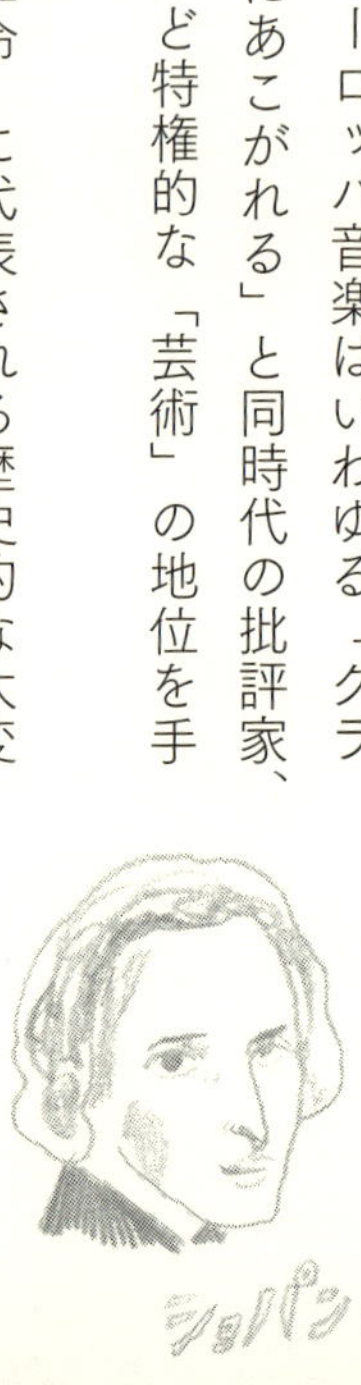

理を告げ、理想の国家を表象する媒体となった」ことについて述べています。

聴き手が音楽を「鑑賞」するためには、作曲家の思想を理解し内面化し、その音楽的論述をたどり、そのあらわしているものを全体として把握するように努力しなくてはならない……こうしたことをはっきりと語ったのは、ボンズによると、ベートーヴェンと同時期に活躍した作家E・T・A・ホフマンが最初だということです。

ボンズの著書によれば、ホフマンはベートーヴェンの「交響曲第五番ハ短調」の様式を研究しながら、楽想の展開、対照的な動きの緊密な統合、葛藤から勝利へと導かれる軌道《きどう》……といったすべての要素が「崇高なるもの」という全体的枠組みのなかにあり、聴き手はその演奏に触れることで、人間の生そのものにおける理想的な進歩と同じものを聴き取るのだ！　といった論調で、ベートーヴェンの音楽の「崇高さ」について語っているとのことです。

それはたんに、聴いて気持がいい、美しいというだけのものではなく、その内部に対立と葛藤《かっとう》といった人間的苦悩《くのう》を含みながら、自らの力でそれを乗り越え高みへと至る「崇高」で「英雄的」な「芸術」なのだ！　――このようなホフマンの考え方は十九世紀の芸術論に、そして、のちの「音楽の美学」に大きな影響をあたえました。音楽を「自律した芸術」とみなす考えもこのあたりに出自を持っています。

そして、日本における「音楽による情操教育」も、交響曲を聴くことによって得られるこのような「芸術体験」を普及させることを、ひとつの大きな目標としています。

中学の音楽の教科書の『2・3（上）』では、ホフマンの論の影響でしょうか、教育芸術社、東京書籍ともに、「構成や形式を理解して鑑賞しよう」という課題として、ソナタ形式、主題と変奏、複合第三部、ソナタ形式、という四つの楽章が完全に展開されている理想的な例として「交響曲第五番ハ短調」が掲載されています。**ジャジャジャジャーン！** いわゆるベートーヴェンの「運命」です。ホフマンの論述はすでにいまから二〇〇年ちかくも前のものなのですが、ここからはじまった「芸術」を「鑑賞」することに価値をおくスタイルが、まだまだわたしたちの教科書には反映しているというわけです。

学習指導要領の《表現及び鑑賞の幅広い活動を通して、音楽を愛好する心情

を育てるとともに、音楽に対する感性を豊かにし、音楽活動の基礎的な能力を伸ばし、音楽文化についての理解を深め、豊かな情操を養う。》の、この「豊かな情操を養う」ための最大の題材が、ベートーヴェンの交響曲なんですね。

生徒さんたちはここで、「ヨーロッパの民族音楽」でもあったベートーヴェンの交響曲を聴き、しかし、そこに普遍的な「人間の崇高さ」の音楽による表現を聴き取って、「芸術」によって「豊かな情操を養う」ことを目指さなければならない、というわけです。

音楽とは空気の振動である

中学校の教科書における「鑑賞」の授業の意味について、なるべく手短に説明しようと思ったのですが、用語などを含めていろいろとむつかしくなっちゃいましたね。
偉大な芸術家としての「作曲家」およびその作品の芸術性については、音楽の先生にとってはもう**当然のこと**であって、でなければ音楽室にわざわざ「楽《がく》

聖《せい》」たちの肖像画が飾られていたりはしないと思うのですが（あれは昭和の時代にわざわざお金を出してセットで買ったものなんだそうです。平成以降に建てられた学校でもあるんでしょうか?）、ところが、一方、生徒たちにはぜんぜん「当然」のものではありません。「鑑賞」という課題によって、ただひたすら「作品」を聴いて、そこで展開されている「思想」を聴き取るという勉強は、それを「当然」と思わない多くの生徒にとって、きわめて退屈に感じられるものかもしれません。

目に見えるカタチがあるものと違って、音楽はどんどん流れて消え去ってゆきます。そこで手に取って見て確認できる「楽譜」というものが「構成を理解する」＝「芸術作品として音楽を聴く」ためには重要になってきます。実はリコーダーや合唱といった「表現」の授業も、中学校に入ってからは特に、「楽譜に親しむ／読むことができるようになる」ことで、このような芸術＝「音の建築物」を読み解く「鑑賞」へのアプローチのひとつとして設定されているのでした。

ところで、音楽は音によって構成されており、音は空気の振動である、ということについては、さきほどもちらっと触れました。音楽はある種の物理現象で（も）あり、クラシック音楽はその和声の理論の基盤をこの「音による空気の振動数」の「比例」に置いています。

どういうことかというと、たとえば二つの音が鳴らされたとき、その二つの音の振動数がきれいに割り切れれば割り切れるほどそれらの音は「協和」して響く――たとえば、「ド」の音と、そのオクターブ上の「ド」の音との振動数比は「1：2」であり、「ド」の音とその上の「ソ」の音との振動数比は「2：3」である。この音の関係は数学的にシンプルであるということです。そして、そのシンプルさを（逆に、複雑な響きはその複雑さを）、人間は（すべての人間は！）直観的に聞き分ける能力を持っているのだ、という説です。

「音の物理学」を学べば聴き方が変わる

これはピタゴラスの昔から唱えられている説です。そして、この振動数比のヴァリエーション（および、「差音」および「倍音」の原理。この話は専門的すぎるので省略！）によって生まれる「和声の機能」のあれこれが、古典派以降のクラシックの構成／構造の大基盤になっています。

ある音楽が「響く／響かない」という判断は、じつは個人によって（あるいは、状況によって）大きく差が出るきわめて感覚的なものですが、西洋音楽はそれを「音響物理」という科学によって「普遍的」な体系にまとめようとしたわけです。西洋以外では（西洋でも「近代」に入るまでは）、音楽をこのように、もっぱら物理的な側面から体系化しようとする動きは見られませんでした。なので、「音とは振動である」ということを理解するための勉強は、西洋音楽を「聴き取るべき芸術」として教えるための必須項目だと思います。ところが、**中学校の教科書にはこの題材がない**んですね。

教育出版の教科書には、かろうじて「発展」という括りで一頁。その一頁も「鼓《こ》膜《まく》が揺れて音を聴き取る」くらいの話で、「和声の基盤には振動数比がある」といった内容は出てきません。教育芸術社の方にはそもそも記載がありません。

「空気の振動比」という「物理現象」＝「科学的知識」＝「全人類共通の規

則」を「芸術」の基盤においている、ということが、クラシック音楽が他の民族音楽とは異なった「普遍性」を持っている、ということのひとつの根拠でした。だから、理性のある人＝近代人はみんなクラシックを「鑑賞」できるんだ、と。科学の顔つきをしてるものは強いですね。

ところが、この根本の解説が中学の教科書にはまだ、ない。筆者はぜひここで、中学生のあいだに、「発展的学習」としてで結構なので、「音の物理学」の授業をある程度折りこんでおくことをお勧めしたいと思います。

現在ではデジタル機材の発達のおかげで、たとえばコンパクトなマイクロ・チューナーなどで安定的に、しかも数字として目に見えるかたちで、振動数比にもとづいた音、たとえばシンセサイザーでシンプルな持続音をいくつか鳴らして、これは協和する／これは協和しない、といった実験をおこなうことができます。

または、ピアノやリコーダーを鳴らして、その音程の周波数をチューナーで調べて、数字にして書きとって、その比率を計算してみる……とか。そうやって音を「物理現象」にまで戻して聴いたそのあとに、あらためて「音楽」を聴いてみると、わたしたちの音楽の聴き方はかなり変化するのではないか、と筆者は思います。

「長調」と「短調」ってなに?

たとえば、数学的にシンプルな比率の音ほどよく協和して響く、響いているように聴こえる、という話をしながら、「1:2」=オクターブ・ユニゾン、「2:3」=ドに対するソ(完全五度)、「3:4」=ドに対するファ(完全四度)という響きを確認して、この三つのシンプルな比を持つ音によって「調性」=「親しい音の集まり」というものの基礎が構成されている、ということを実感させること。このような授業を「発展的学習」でおこなってみるのは如何でしょうか。

そののちに、たとえば、三度の音、つまり「ミ」の音をシンセサイザーで提示して、この周波数を高くしたり低くしたりして、そこで生まれる和音の揺れを聴かせて、その響きのことなりを経験させる——みたいな実験はどうでしょうか。小学生の時に習った「ドレミファソ」の、その「ミ」の部分をグッと半音、周波数でいうと100セント下げて鳴らすと、あら不思議、ベートーヴェンの「運命」の冒頭に代表される、いわゆる「短調」の響きになるんですね。

このような手続きで、西洋音楽の二大世界、つまり、「長調」と「短調」について教えてゆく、という授業は、生徒たちにとって（しかもいわゆる「理系」の生徒たちにとっては）きっとわかりやすいものなのでは、と思います。

中学校の授業では、こういった「調性」についてはどんな風に教えているかなと思って教科書を確認してみたのですが、一〜三年生のすべての教科書の最後のあたりに「楽典」（あるいは「音楽の約束」）として、**「長調はドが主音、短調はラが主音になります」**、**「主音となる「ド」や「ラ」をどの高さの音に決めるかによって、さまざまな調の音階ができます」**といった記述で、おもに音階を中心にした簡単な説明がありました。しかし、「なります」「できます」ということだけで、「なんでそうなるの？」あるいは「なんでそれが必要なの？」みたいな解説はありません。

たとえば、中学一年生の教科書にはシューベルトの歌曲『魔王』が載っています。これは昭和の終わりから平成時代をとおしての「鑑賞」の定番曲で、リピートされるたびに曲中の、息子の声をあらわしている歌のフレーズの音程が上がってゆく、というところに注意しながら「物語の進行と曲想の変化との関わりを感じとりましょう」という指示が教科書にはあるわけですが、「調性」の解説はないまま授業が進んでしまうようです。

　この曲は基本が短調で、しかし語り手が魔王になったところだけ伴奏とメロディーが明るくなる＝長調になる、というところが曲のミソなんですけれど、こういった転調にまつわる解説はここには出てこない。長調・短調による曲の雰囲気の違いを語るのにぴったりな教材なわけですが、そういった課題には触れないままなんですね。もったいない。

　ひとつの音階から、主音が違うふたつの「調」を作ることができて、しかもその二つは「明」と「暗」、あるいは「喜」と「悲」的に対立した世界である。そして、同じ材料でできた二つの世界を組み合わせることで、曲の構成はダイナミックに展開させることができる――こうした考え方が西洋音楽の、とくに「鑑賞」で重要視される古典派の芸術音楽の基盤にはあり、ここを丁寧《ていねい》に勉強することは、オーケストラの響きを楽しむための大きな手がかりになるはずです。

しかし、確かに、「長調」と「短調」っていう話は、そもそも的なところまでさかのぼると解説がメンドクサイ。おんなじ素材（音階）のなかの、「ド」と「ラ」がそれぞれ主音になれる、と前述のとおり教科書には書かれていますが、それはなぜかについては書かれていません。「ダイアトニック環境」＝「二つの主音がある環境」という話は中学の音楽の授業ではやらないし、なんで「メイジャー」が「長調」で「マイナー」が「短調」なの？　っていう翻訳の次元から考えはじめると、音楽の先生でもきちんと納得している人は少なくて、つい、こうしたことについては、**「理屈はあと回しにしてとにかくそういうことなんだから覚えなさい！」**って、説明を放棄しちゃったりすることもあるのではと思います。

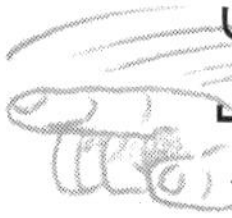

ぜんぜん理論的じゃない音楽記号のナゾ

そもそも音楽用語って、絶妙な割合で語源がイタリア語（ドレミファ）と英語

（C7みたいなコードネームとか）と日本語（ハ調とか）のものが入り混じっているので、モヤモヤする人は多いと思うんですよね。

「階名」は「ドレミファ」で、「音名」は「CDEF」で、で、その「音名」の日本語訳は「ハニホヘ」で、「C」＝「ハ」である、とか、教科書の巻末の「楽典」コーナーには記載されているわけですが、そのルールがわからないので、**どうしてそうなってんの？　規則がわかんないわたしが馬鹿《ばか》なの？**　って無駄に混乱させてしまう可能性大です。

あと、記譜の規則も同様で、たとえば、半音下げる記号が「♭」で、上げる記号が「＃」というのはのはよいとして（ちゃんと考えると本当は「よく」はないのですが……）だいたいこのあたりで「ヘ音記号」とその音域というものを中学では教えることになります。

そして、五線譜のアタマに付いてるクルクルしたのが、たとえば「ヘ音記号」のそれが「F」をデザインしたもので、「ト音記号」のそれが「G」をデザインしたものだ、ってことでその書き方を説明するんですけど、**は？　どこらへんが？**　って思いませんか？

このあたり、筆者も大人になるまでずっとひっかかってた部分で、ついぞんざいな口調になってしまいましたが、こうした「ヘ」とか「ト」の音部記号とか、ホント過剰にデコラティヴな記号化であって、ぜんぜん理論的じゃないんですよ。こんな風にじつは、近代合理主義の顔つきをしている西洋音楽の体系のなかには、「きまりだから！」で続いてきた、**かなりの量の前近代が残ってる**んですね。

なので、このあたりでしっかりと「ある程度理由はあるけど、こういう用語や記譜法はもっぱら歴史的経緯でもって、つまりほぼ偶然にこういうかたちに定着したのであって、根本的な大規則みたいなものがあるわけではありません」と教えておくことは必要だと思います。用語や記述に関しては歴史的に踏襲されているものだからしかたないのだ、このまま覚えろ、と。（とはいえ、明治から引き継がれている「イロハニホヘト」と「嬰・変」については完全に無駄なんで、もう廃止しちゃっていいんじゃないかと個人的には思います。教科書が止めればみんな止めると思うので、このあたり有識者は頑張ってください！）。

こういったルールについては、それぞれ、現在の状態に落ち着くまでの経緯がモノの本に書いてありますので、先生は生徒さんたちの単純な疑問には自分なりに答えられるようにしておくのがいいと思います。理不尽な決まりの押し付けに対しては、中学生あたりが一番反感を覚える年齢だと思いますし。

たとえば、本書の「イントロダクション」でご紹介した菊地・大谷の『憂鬱と官能を教えた学校』では、このあたりのよくある疑問に関して、「なんで長調は一種類なのに、短調は三種類あるの？」みたいな話まで解説しておりますので、教師のみなさん、あるいはもちろん生徒さんでもどなたでも、このあたりを突っ込んで考えておきたい、という方がいらっしゃったら、もしよかったら読んでみてください。

とにかく、西洋音楽には一度と五度と四度という「協和する」響きによって支えられている「調」というものがあり、その世界は「長調」と「短調」という大世界に分かれていて、芸術としての音楽はそういった世界が響かせる対立や融和を構成することでできている、ということを、なんとなくでも「実感しておく」ことが大切だと思います。

唄やリコーダーって「単旋律」なんで、それを支えている、そのメロディーがひろげられてゆく背景となる世界っていうものを感じられないまま演奏しちゃう、という状態になることも多いと思います。「和声」の世界への第一歩をうまくこのあたりで、「鑑賞」と「表現」を組み合わせながら学んでゆくということで、いろいろと工夫してみてください。

「表現課題曲」の印象が薄いのはなぜか

ここまでおもに中学校の「鑑賞」の授業について書いてきましたが、中学音楽の教科書に掲載されている題材の多くは、やはりその半分以上は「表現」の領域に関するものです。

教科書にはたくさんの歌唱教材が掲載されています。数えてみると、「君が代」もふくめて各冊十七〜二十四曲前後。教育芸術社と教育出版のどちらもほぼ同じ分量で、歌唱表現によって「曲想の変化」や「声部の役割」、「旋律と歌詞の関係」や「歌詞の内容と全体の構成」などを勉強するということになっています。

両社が取り上げている表現の教材は意外とかぶりがなく、共通教材以外で一緒なのは『エーデルワイス』（三拍子フレーズ）、『こげよマイケル』（原語歌唱と階名唱、混声合唱）『帰れソレントへ』（イタリア語の原語歌詞＆転調の勉強付き）といった外国曲と、定番！の『翼をください』。その他はそれぞれ独自の楽曲が続き、最後にどちらも『大地讃頌《さんしょう》』の混声四部合唱と『蛍《ほたる》の光』および『仰げば尊し』で〆る、といった構成になっております。

それぞれ独自の楽曲、といっても、やはりそこは教科書ということで、授業で勉強するために作られた教科書オリジナル楽曲の曲調はほぼ似たような感じで、Ｊ－ＰＯＰなどの流行歌からのピックアップはどれくらいあるかな？と期待して読んだのですが、これがまったくありません。（――と思っていたのですが、見直してみたら、「表現」ではなく「創作」の方に一曲だけ意外な曲が入っていました。中島みゆきの楽曲です。冒頭十三頁に取り上げておきました。）

「表現」教材として唯一入っていたＪ－ＰＯＰは、さだまさし作詞作曲の『SMILE AGAIN』。知らない曲だったので調べてみると、長崎普賢岳《ふげんだけ》災害↓東日本大震災の復興の応援歌として歌い継がれている曲、だそうです、さすが……。

日本語ロックのクラシックともいえる「はっぴいえんど」くらいは入っているかな、と思っていたのですが、そういうものは高校に入ってからの様子で、洋楽ポップスはビートルズが二曲（『Let It Be』と『Yesterday』）。あと、カーペンターズ（『Top of The World』）とピーター・ポール＆マリー（小学校でも登場した『パフ』）が一曲ずつ。どれもとても良い曲ですが、無難といえば無難な選曲で、義務教育だなあ、という感じですね。

話を戻して、載っているオリジナル楽曲のタイトルや歌詞を眺めてみると、『青空にのぼろう』、『You Can Fly!』、『夢は大空を駈ける』、『青空』、『朝の風に』みたいにやたらに飛びたがるものと、『時を越えて』、『たしかな一歩』、『旅立ちの日に』、『夢を追いかけて』みたいな、夢、未来、希望に向かうもの、が、歌詞のテーマの二大派閥といいますか、そんな詞の曲ばっかりなんですね。同じようなエモーションを同じように表現する、同じような表情の曲ばかりです。

教科書用のこれらの楽曲がどのような経緯で作られているのかは不明ですが、おそらく、学年の課題を折りこんだ、形式やメロディ優先のいわゆる「曲先《きょくせん》」で、歌詞はあとから作ることが多いんじゃないかと想像しています。

どの歌も「こどもたちに唄わせる」ということを大前提に、『こころはひとつ』、『みんなでうたおう』、『ともにかんじて』、『あるいてゆこう』みたいなサビを唄いあげる楽曲になっており、念のために掲載されている曲の全部をピアノで弾いて唄ってみたのですが、唄いながらすでにその印象がごっちゃになってしまって、いまはっきりと思い出せる曲は一曲もありません。もしかして、知られざる超名曲があるかも、と期待していたのですが、やはりどれも似たようなものばかりで、ぼんやりとした雰囲気が残っただけでした。

教科書に載っているのは「歌手を持たない歌」である

しかし、これはもしかすると、わたしたちが普段日常生活で聴いて楽しんでいる「歌」というものが、その魅力の大きな部分を、それを唄っている歌手やアレンジや演奏などの「個性」にかなり頼ってできている、という事情を反映してのことなのかもしれません。

教科書に載っているのは歌詞と旋律と伴奏楽譜だけです。当然ですが、そこにはそれを唄っている歌手はおりません。たんに教科書から声が聴こえてこない、ということではなくて、**これらの歌はそもそも歌手をもたない歌なんです。**

中学教科書オリジナル楽曲は「歌い手の個性的な魅力」というものを排除したところで作られる、ある特定の人間の唄声をとおさずに、直接「みんな」が唄うものとして作られている歌なんですね。

これは唱歌の昔からそうなんですが、その当時はそもそも「レコード」というものがありませんので、流行歌というものは基本的に「読み人しらず」のかたちで人の口から口へと伝わってゆくものでした。それが特定の歌手や作家と強く結びつきはじめたのは、おそらく大正中期の、日本における女優のさきがけの一人、松井須磨子《すまこ》によって唄われた「カチューシャの唄」あたりだと思われます。

この曲は「新劇」と呼ばれる、きわめてシリアスな近代演劇のなかで唄われる劇中歌として作られたものですが、劇の内容はともかく、その歌を唄う松井須磨子の姿を一目みたいと思った観客が劇場に押しかける大ヒットになりました。作曲したのは後に童謡「シャボン玉」や新民謡「東京音頭」などで知られ

ることになる、若き日の中山晋平《しんぺい》です。

ある劇のなかで、ある特定の人が、ある作曲家によって特別あつらえで作られた歌を唄う——このこと自体は歌舞伎の昔からあったことですが、大正から昭和初期にかけて、このような劇中の歌は、「レコード」という新メディアと結びつくことによって、まったくあたらしい流行を生み出すことになります。

いまでは、もう、「レコード」というものを見たことも触ったこともないひとも多いかもしれませんね。レコードどころかCDもあやしいかも。現在、音楽を売買して聴くための手法は、ダウンロードやストリーミングといった「データ」でやりとりすることが主流となっています。しかし、二十世紀の百年間、だいたい一九九〇年くらいまでは、「レコード」という塩化ビニール製の円盤にぐるぐるっと溝を刻んで音を記録したアナログなメディアが、音楽を記録して再生するための最大の発明品だったのでした。

それまでは、歌というものは唄ったらその場で消えて、そして、また唄われることによってよみがえるものでした。前章で「歌」とは「現象」である、ということを述べたのは、こうしたプリミティブな「歌」の特質について想定し

ての話でもありました。ところが、レコードはそういった歌を盤の上に刻み込み、それを唄った人の個性的な声とともに、何度でも繰り返し機械によって「再生」できるものにしました。しかもそれは複製されることで、安価に、大量に、何度でも、誰でもが聴くことのできるものとなって、現在、わたしたちの手元には毎日のようにあたらしく「歌」が届けられています。

音楽をめぐるビジネスは古代の昔から存在していましたが、それがいまのような大規模な産業となったのは、二十世紀に入ってからのことです。このように音楽をレコードとして制作して売り買いする「レコード業界」というものが登場した以後の話なのです。

こうしたかたちで、二十世紀の初頭に、「歌」はとても魅力的な「商品」となって、ここから平成時代のわたしたちが聴いているJ－POPまでつながってくる「流行歌」の時代がはじまった、というわけでした。

ところが、学校では基本的に、このような**「商品」としての魅力を持った歌と音楽は教えない**んですね。

義務教育は「商品価値」と絶縁する

歌と音楽が持つことのできる「商品価値」については、学校では教えない、と、逆の言い方で言ったほうがより正確かもしれません。

義務教育によって勉強することができるのは、**商品として売り買いすることができない価値について、**なのです。社会や制度とは無関係に、人間が人間であることの尊厳《そんげん》を身に付けるためのあれやこれやが、義務教育期間中にわたしたちが学ぶべき事柄なのです。

教育についての原則を記した我が国の教育基本法は、「教育の目標」として、以下のような文言を記しています。

《一　幅広い知識と教養を身に付け、真理を求める態度を養い、豊かな情操と道徳心を培うとともに、健やかな身体を養うこと。》

《二　個人の価値を尊重して、その能力を伸ばし、創造性を培い、自主及

び自律の精神を養うとともに、職業及び生活との関連を重視し、勤労を重んずる態度を養うこと。》

《三　正義と責任、男女の平等、自他の敬愛と協力を重んずるとともに、公共の精神に基づき、主体的に社会の形成に参画し、その発展に寄与する態度を養うこと。》

《四　生命を尊び、自然を大切にし、環境の保全に寄与する態度を養うこと。》

《五　伝統と文化を尊重し、それらをはぐくんできた我が国と郷土を愛するとともに、他国を尊重し、国際社会の平和と発展に寄与する態度を養うこと。》

どれもじつに立派な目標で、現実はともあれ、ここに書かれているさまざま

な**「態度を養う」**ために、これまで解説してきた音楽の授業もおこなわれているというわけです。

先ほどもお話ししたとおり、ベートーヴェンに代表される、人間精神の普遍性と崇高さを反映させた「芸術」としてのクラシック音楽は、ここに書かれた「真理を求める態度」や「自主及び自律の精神」を養うをための格好《かっこう》の教材です。また、みんなで声をあわせてひとつのものを作り上げてゆく合唱表現は、「正義と責任、男女の平等、自他の敬愛と協力を重んずる」ことを学ばせる機会でなくてなんでしょうか。

近代的教育のスタートから現在まで、音楽という学科は必修から外されることはありませんでした。そのはじまりは、前章でも記したとおり、「近代的身体を作るための基盤」として、そして戦後は、社会的実用性から切り離された「芸術の価値」を教える科目として、これは皮肉でも諧謔《かいぎゃく》でもなんでもなく、「音楽」は明治からつながる学校教育の理念の、その精神的な支柱であり続けてきたのです。

このことは、学校の外側で響いている流行歌が、先述した「ポピュラー邦楽」をメインとしていた時代には、まさに一聴してあきらかなことだったと思います。学校で教えている音楽は、世俗の流行りすたりとは一線を画した「近代的」な「自主及び自立の精神を養う」ものなのだ、と。

しかし、現在、学校教育における音楽と社会で受け入れられている音楽は、その成り立ちがほぼイコールになり、その響きはそのまま「社会性」があるものと容易に接続が可能となっています。学校で習った声とリズム感で、そのままポップスも唄うことができる。学校の音楽の授業と現実の社会とが、平成の現在は以前にくらべて相当に近くなっている——のですが、いまでも教科書に載っている歌のそのほとんどすべては、現在の**音楽の社会的価値観、**つまり、**「売れるか売れないか」**といった「資本」の論理と積極的に手を切ることで作られています。

音楽の授業が不満なのはなぜか

これはある意味健全なことではあります。いま売れている曲も、五十年・百

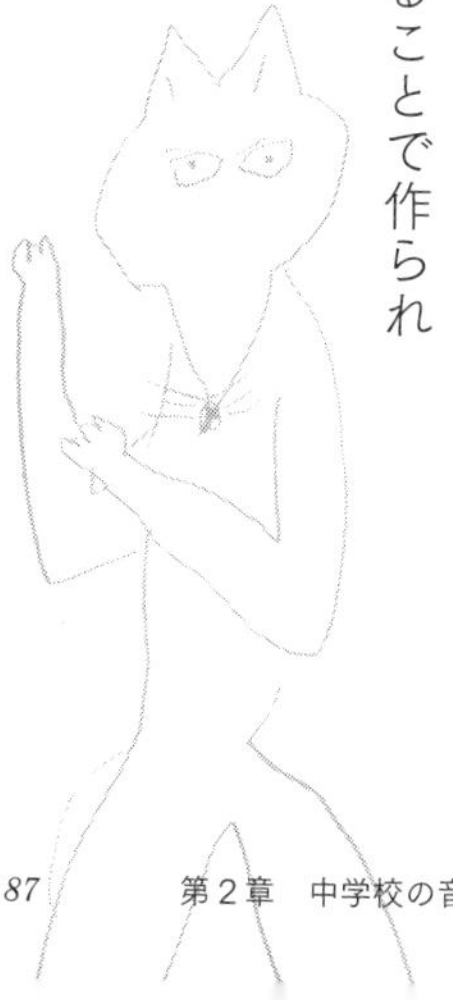

年といった規模でみるならば、それは単に「いま流行ってる」だけのものにすぎないかもしれない。わたしたちはそのような軽佻浮薄な流行に流されることなく、確実に価値が認められる芸術的な音楽を基盤にして、全人間的なしっかりとした「教育」をおこなうのである。——なるほど、このような長い目で見た教育を（九年間もじっくりと！）社会に出てから受けることは、なかなかむつかしいものでしょう。

しかし、中学校も卒業間近になってくると、わたしたちは、わたしたちの社会が、学校で教えてくれる人間としての基本的な能力と価値だけでは成立していない、むしろそれらをないがしろにする仕組みでもって運営されていることが多いという現実に、往々にして直面させられることになります。

中学からそのまま社会に出ることになる人も当然、います。現在の日本の原則は自由競争にもとづいた資本主義社会なので、彼ら・彼女らにとって、**これからどのようにお金を稼《かせ》いで生きてゆくか？**ということは、最大の問題です。そして（しかし？）、義務教育は、音楽に限らず、このような「資本主義社会」に適応するためのノウハウは教えてくれないんですね。

音楽は、もちろん、その芸術性によって、わたしたちの「豊かな情操」を育んでくれます。しかし同時に音楽は、売り買いできる「商品」であり、その時々の流行によってカタチが変わる軽薄なハヤリモノであり、現在の社会と拮抗し、それに大きな影響をあたえることのできる最新鋭の表現でもあります。音楽のなかには、このような、現実にいま稼働《かどう》している「資本主義社会」と闘《たたか》ってゆくためのパワーやひらめきが含まれているんですよ。

小学校高学年から中学生という多感な時期にかけて、わたしたちは、「学校の外」に響いているポピュラー・ミュージック——商品としての音楽の魅力を湛えた、つまり、わたしたちが生きて暮らしてゆく社会の仕組みを大きく映し込んだ「音楽」と触れ合う機会が増えてゆきます。自分でデータやCDを買いはじめる人もいるでしょう。彼ら・彼女らにとって、そのような**「商品としての音楽」**とは、これからその場所に出て行かなくてはならない、**目の前にある社会と結びつくための魅力的な道具のひとつ**なのです。

それはまだ見ぬ「社会」を覗《のぞ》くための窓であり、売り買いという「大人」のシステムに自分から入り込むきっかけであり、それをとおしてこれまでのコミュニティから逸脱《いつだつ》してゆくあらたなつながりであり……と、ポピュラー・ミュージックとしての「音楽」に触れることで、わたしたちはさまざまな「社会的」経験を、擬似的にかもしれませんが、得ることができるのです。

ところが、ふたたび言いますが、小学校と中学校の授業では、このような音楽の「現実にかかわることのできる」力については教えてくれないんですね。

そろそろ「現実」というものを意識しはじめた中学生は、「商品としての魅力」を備えた音楽というものが、それがどうして魅力的に思えるのかどうかを知りたいし、そういったものをもっと聴きたい。しかし、音楽の授業ではそれは扱われない。音楽が好きなのに、実際の音楽の授業には疑問と退屈さを感じてしまう生徒が出てくるとすれば、その根本的な原因はこういったところにあるのだと思います。

中学校の音楽の教科書に掲載されている教科書オリジナル歌曲は、形式や響きの教材としてはよくまとまっているかもしれませんが、とくに歌詞の面においては、学校の外側の「資本主義社会」において生き残ることはむつかしい、きわめて平均的なものばかりです。そして、そこには、どんな凡庸な曲でも輝かせてくれる魅力的なシンガーの声もない。

この時期、教科書の曲を唄うこと＝合唱に拒否《きょひ》反応を示しはじめる生徒がいたとすれば、おそらくそれは、このような「現実にかかわることのできない／かかわるつもりがない」教科書用の歌に対する不満もあるのではと思います。

「みんな」とシェアできない、したくない音楽

集めてもらった過去の中学の教科書の一冊に、その開いた一ページ目にサインペンで、大きく**「RADWIMPS」**という落書きがしてあるものがありました。どこかでこのバンドの曲を聴き、好きになり、その不思議な名前のスペルをつい音楽の教科書に書き込んで確かめちゃった、といったところでしょうか。微笑ましいと同時に、書いた人の「RADを知ってるっていうオレのプライド／そしてそれを無視する授業へのいらだち」みたいなものも若干伝わってきて、実に「中二的」でいいなあと。

音楽の授業が目指していることの一つは、さきほどから口を（指を？）酸っぱ

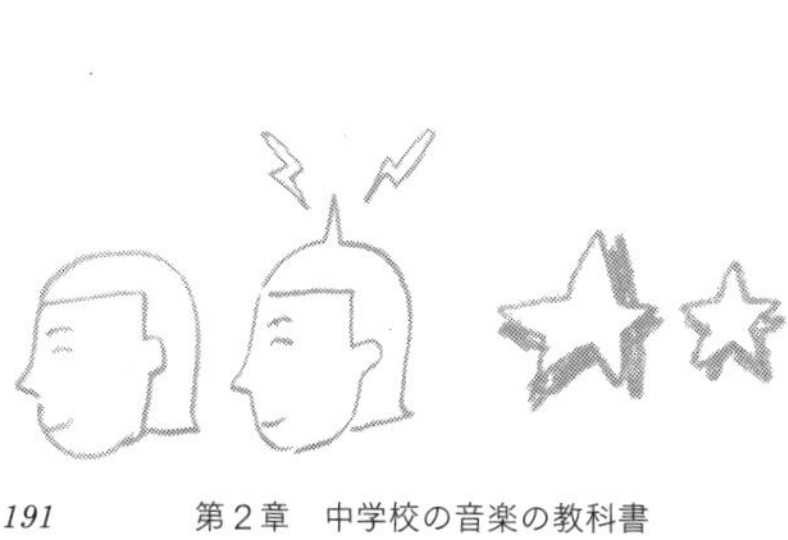

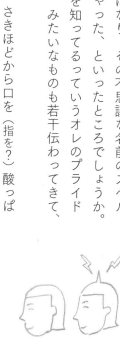

くして繰り返しているとおり、普遍的な芸術としての音楽を鑑賞できるようになることです。そしてもうひとつ、小学校時代からつながる「合唱および合奏の表現ができるようになる」という、「表現」に関わるものです。

一方は受身で観念的、もう一方は能動的で具体的な活動ですが、どちらも、生徒それぞれの個性から始めるものというより、人間一般の能力を引き出して働かせ、そのことで「公共」の精神を養おうとするところが共通しています。

ところで、義務教育の音楽の授業ではわずかにしか取り上げられず、しかし、わたしたちにとってもっとも身近な音楽のひとつである「ポップス」は、きわめて個人的な音楽です。RADWIMPSでも、SEKAI NO OWARIでもいいですが、その魅力は、ヴォーカルなり歌詞なりサウンドなりが**「他のバンドと違う」**というところにあります。埒外《らちがい》から聴くとほぼ同じに聴こえるものでも、逆に言うと似ているからこそファンはその微細《びさい》な差異を聴き取り、その違いにこだわり、どっちのほうがカッコいい、とか、どっちのほうが素晴らしい、というジャッジをくだすのです。

そろそろ自意識をこじらせはじめ、自分の個性というものはなんだろう、と悩むようになってきた年頃の人たちにとって、**この判断は決定的なものです。**ポップスのなかに溢《あふ》れている個性的な声を聴き取り、理解すること。そしてこれはそのまま、自身の個性を理解してくれる「社会」を見つけようとする行為でもあります。

小学校から音楽の授業で学んできた合唱の課題は、他人と上手く声を合わせること、つまり、自分の声を平均化して扱う能力を身に付けることに他なりません。そこでは個性的な、自分だけが持っている、自分だけの魅力になるはずの声は却下され、差し戻されてしまいます。

濁《にご》っていたり、ゆがんでいたり、割れていたりする声は、学校では周囲から拒否されてしまう。しかし、ポップスのなかでは、そういった声がそのまま「個性」として通用し、認められ、きちんと商品にもなって流通している。これはどうしてなのか？　彼らと自分はどのように違うのか？　――学校で教えられる「公共」と自身の不安定な「自我」とに悩む中学生にとって、ポップスとはこのような魅力的な謎として発見されます。

近年急速に一般化した、「イヤフォンで音楽を聴くこと」は、このような個

性的な音楽たちと聴き手とを「一対一」で結びつけることによって、ポップスをますます「中学生」的な時期に相応しいものへと変化させてきているように、筆者は思います。

音楽は、この時期、たとえば映画や小説のように、それと一対一で向き合い、その世界を独り占めすることで自身の価値観を育ててゆくことができる、大事な媒体としてその受け手の前にあらわれます。きわめて個人的な、自分の胸のうちだけに大切にその経験をしまっておく音楽。このような個人的な世界は、合唱のようなかたちで他人とシェアすることはできないし、**したくありません。**

筆者にとっても音楽は、このような、自分だけが「この音楽の魅力を理解できている」と感じる、とても強い個人的な感情とともにあらわれました。まさしく中学の頃のことです。その頃買ってもらったCDラジカセで、一人で深夜、レンタルしてきたCDやダビングしたカセットを聴く――こういったやり方で聴いた音楽を、どうしてみんなで「合唱」することなんてできるでしょうか。ずいぶんと長いあいだ、子供時代が終わるまで、筆者は、一人で聴く音楽と、みんなで聴く／唄う音楽とのあいだに接点を見出せないまま、音楽を聴いていた

ように思います。

また、この時期は男性と女性が互いに「性」的なものを意識して向かいあいはじめる年齢です。合唱は学校の授業のなかでも、きわめてダイレクトな男女混合によっておこなわれるものの一つでしょう（体育の授業では、いまでもフォークダンスが必修になっていたりするのでしょうか？）。性の意識は個人的なものです。合唱は「公共」へ向かうための授業です。彼や彼女がこの落差に戸惑いを覚えるのは当然のことだと思われます。

きわめて個人的なものとして、音楽と向き合うこと。声変わり、に代表されるように、この時期はそれぞれのペースで男女が分化し、社会をこれから支えてゆく単位としての「個人」というものを、生徒さんたちが自覚してゆく重要な過程にあります。学校の授業では、しかし、繰り返しお話しししているように、このような「個人的な声」からはじまる音楽は教えられません。

好き嫌いで人生を決定することの「重さ」

「個人の魅力」はそもそも、学校で「教える」ことができるようなものではないのですが、一方、音楽の魅力のその大部分は「個」に属していることも確かです。

このことに関して音楽の授業は、ある人の「身体性」にもとづく「声」といった要素ではなく、もっぱらバッハ、ベートーヴェン、シューベルトといった「偉大なる作曲家」が「作曲した作品」にあらわれている「個性」を通して語る、ということで切り抜けているように思われます。

これは、個性的な個人であるためには、なにはともあれ一回学校で教えられる「楽譜」の領域を抜けてからにしなさい、と言っているに等しく、思うようにならない声と身体をかかえてイライラしている中学生にこれは、かなり遠回りなものに思えるのではないかと思います。

中学校の教科書のなかにも、ポピュラー・ミュージックを取り上げている頁はあります。教育出版では『2・3（上）』に「ポピュラー音楽図鑑」として

四頁、教育芸術社では『2・3（下）』に「ポピュラー音楽」として二頁、取り扱われています。教育出版は「Blues」「Gospel」「Jazz」「Rhythm&Blues」「Country&Western」「Folk」「Rock」。教育芸術社では「ROCK」「JAZZ」「BOSSANOVA」という「ジャンル」が、それぞれを代表するミュージシャンとともに紹介されています。とはいえ、それは「図鑑」というタイトルからもわかるように、あくまでも「紹介」しただけで、彼らの音楽に溢れている多彩な「個性」の魅力について、生徒たちにナビゲーションするような仕組みにはなっていません。

　これは偏見かもしれませんが、学校の先生の多くは、これまでの勉強の成果か、それとも、職についてからの経験からか、このような「ポップスの魅力」を聴きとって語るということを不得手《ふえて》にしているという印象があります。

　また、おそらく先生たちはきっと、自分の個人的な意見で生徒に影響を与えてはいけないので自制している、ということももちろんあるのでしょう。好き嫌いで音楽を考える、ということは、学校の授業からすでに離れた作業です。しかし、人は、教えることのできる基本的な価値とおなじくらいの重さでもって、

好き・嫌いの判断で自分の人生を決定してゆきます。

さすがにこれまで、なんらかのポップスに一度も心動かされなかった教師はいないと思います。それならば、その経験を軸にして、ポピュラー・ミュージックのなかに多彩に花開いているさまざまな音楽の、その履歴《りれき》を知り、歴史的展開を知り、代表的な構造を知り、さらにその上で、どのミュージシャンが好きか嫌いか（というのが強すぎるなら、興味があったりなかったりするか）をざっと述べられるようにしておく。

知らないことは正直に知らないと述べ、あたらしい音楽についていては謙虚に聴き取り、上述の勉強から得た歴史観と自身の感覚をすりあわせて、その特徴を指摘できるようにしておく……。このような教師の態度は、音楽に限らず、教育的に非常に重要なものだと思います。

二十世紀はポピュラー・ミュージックの世紀であり、それはもう歴史として確定した事柄だと考えて、なるべく多数のポップスに触れて、その魅力を理解し、互いの「好き嫌い」にまで踏み込みながら、生徒それぞれの「個性」を引き出してゆく。また、そのことによって、音楽の授業を、その外側に広がる「現在の社会」との接点に向かわせてみる。これは教師にとってかなり挑戦的な試みになるかもしれません。そういった授業も、中学の音楽の授業のなかにはあって欲しいと思います。

喋《しゃべ》る／書く行為の中にも「音楽」はある

以上のような話を、友人で、現職の教員である矢野利裕《としひろ》氏にしたところ、ちょうど中学の音楽の授業で、そういったポップスを聴く題材の授業を手伝ったとのことで、その授業の指導案を特別に見せて頂きました。矢野氏の本職は国語教員ですが、DJ、音楽ライター、批評家としても活躍しており、筆者と一緒にジャニーズを研究した『ジャニ研！』（原書房）という本も作っています。

平成三十年六月、東京学芸大学附属世田谷中学校において、原口直教諭により「公開授業」としておこなわれたというその三年生の授業は、「自分がほんとうにすきな音楽」という板書のもと、《音楽の聴き方を知り、好きな音楽を選び取ろう》という《ねらい》で、《時代を反映し、音楽を自ら選び取っていくこと

の重要性を知る》という目的でおこなわれました。

これは学習指導要領の「B鑑賞　指導事項　ア　音楽を形づくっている要素や構造と曲想とのかかわりを理解して聴き、根拠を持って批評するなどして、音楽のよさや美しさを味わうこと」と関連づけられる題材であるはず。

授業では、ジャンルの異なった四つの曲が選ばれ、導入としてまず全員でそれを鑑賞し、順位をつけ、最も気に入った曲と最も気に入らなかった曲を選んで、その根拠をあげながら批評します。

その後、グループに分かれて、今度は「音色、リズム、速度、旋律、テクスチャ、強弱、形式、構成」といった（学ぶべき）「共通事項」に注目して詳しく聴き込む。で、再度評価して、順位を付け直してみる。

その後、自分が選んだ曲と同じジャンルの違う曲を聴いたり、同じ好みを持った同級生とそのよさを共有してみたり、好みの根拠を確認してみたり。最終的には、それぞれが自らの好みを理解して向き合えるようにする、という授業だったそうです。

矢野氏がこの授業のために監修して選んだ曲は、「テクノ／テクノポップ」として Perfume の『FLASH』、「ヒップホップ／ラップ」として防弾《ぼうだん》少年団の『DNA』、「ソウル」として星野源《げん》の『SUN』、ロック／サイケとして GLIM SPANKY の『All Of Us』。選曲に際しては、同年度に入学した生徒にアンケートをとって集めた好きな曲・アーティストの一覧を提示してもらったそうです。

ここにさらにそのジャンルのルーツや特色を色濃く表している音楽——たとえばテクノ／テクノポップでは Daft Punk、The Buggles、Kraftwerk ——を比較として加えて聴き込んでもらい、最後にワークシートに「自分がこれから好きな曲を探してゆく際に注目すべき音楽の要素や聴き方」をまとめてみる。——と、こんな感じの授業だったそうです。

とても面白い授業だと思います。実際の授業と題材、指導要領との接続の仕方についても、なるほど、と興味深く思いました。

「言葉」を使って音楽を聴く耳を育てる

現行の学習指導要領の「総則」では、生徒の「言語活動」を充実させること

が強く掲げられています。上述した矢野氏たちの音楽の授業においても、自分が聴いたものがどのように良いのか、どのようにそれが好きなのかを言語化する作業が大事にされていました。

音楽を言葉で表現することはむつかしいことだとされています。言葉で表現できるなら音楽なんていらない、といったことも言われたりします。しかし、わたしたちは自分が見たものや聴いたものについて、言葉を使ってあらわさなければ、他人と意見を交換することはできません。

感じることはまずはじめに大切ですが、その「感じ」を、言葉という他人と共有できるものでもって置き換え、確認してみる。指導要領において提示されている「共通事項」は、上述の授業でもあらわれているように、「音楽を形づくっている要素」を「音色、リズム、速度、旋律、テクスチャ、強弱、形式、構成」といった具体的な用語で示すことで、「言葉」でもって音楽に触れるためのとてもよいきっかけになるはずだと、筆者は思います。

ジャンルをまたいで、すべての音楽に共通する要素を示した、これらの言葉を十分に使って、音楽を聴く耳を育てること。中学の時期から、こうした音楽の客観的要素をあらわす用語でもって、自分の好きな曲を分析的に聴くことに慣れておくことが、とにかく大量の音楽が世間にあふれている現在、主体性をもって「好きな音楽」を選んで聴くための大きな糧《かて》になるでしょう。

授業に疑問を持つこと

第一章でも少し書きましたが、例えば、ギターを弾いて流行歌の伴奏をしたり、簡単なハーモニーで合唱を楽しんだり、といった、いわゆる「音楽ができる」と自分で思えるようになるための知識と技術は、中学校までの音楽の授業で十分に身に付けられるものなのだ、ということを、教科書を読み直してみて、あらためて筆者は思いました。

じゃあどうして自分はずっと、音楽の授業で教わったものを「役に立たない」と思っていたのか、と自問するに、やはり、学校で教えられている音楽が、現実の社会とは切り離された、ある種の「どこでもない場所＝ユートピア」で鳴らされているものだ、と、中学生の頃には感じていたからなのだと思います。

音楽の授業で身に付けることのできる技術が、いま目の前にあって、自分にとって切実である自分が好きな「音楽」たちとは、まったく別の世界から出てきたものであるように思えていたのです。

簡単に言えば、ポップスと学校の音楽とを一緒に考えるための視点を、当時持つことができなかった。むしろそれはなにか別のものであって欲しかったのだ、と思います。自分が好きなものは、学校で教えられるようなものではない。それはいまの自分を取り巻いている社会や環境からは遠くにある、まったく理解されないようなものなのだ……と考えていたのでしょう。

ホントに偏狭《へんくつ》な考え方で、実際はどんな音楽も、学校で習うことのできる技術と同じもので作られて、演奏されているのでした。過去の自分に猛省を促したいのですが、こういった視野狭窄《しやきょうさく》は思春期に特有のもので、現在でも、筆者以外の中学生でも、このような状態になっちゃう人は少なくないんじゃないかな、と思っています。

実際、筆者が勉強していた昭和の時期の教科書と、題材に変化はあるとはいえ、平成時代の教科書の指導要領は、その基本姿勢は変わっていません。音楽とは義務教育にとって「徳育を養うもの」であり、そのために必要な「崇高な」作品たちはすでに揃っている。教える側は生徒たちを、なんとかその歴史の中に導き入れれば良い、と考えています。こういった教師側の、つまり教科書側の姿勢は、当然、なんとかしてこれから新しく世の中に出て行こうと思っている青少年たちにとっては、いったんは疑って然るべきものだと思います。

繰り返しますが、中学までの学校の音楽の授業で、わたしたちはこれから先の一生分の、自由に唄って、演奏して、さまざまな音楽を聴くための技術を身につけることができます。しかし、こうした技術は、わたしたちがこれから暮らしてゆく社会を動かしている「商品」を媒介とした価値観とは、とりあえず無縁のかたちで存在しているものとして、義務教育では教えられることになっている。この断絶のあいだに立ち止まって、自分たちがこれから聴いてゆきたい、唄ってゆきたい音楽とはなんなのか。このように悩んでいる青少年と、「教科書」に書かれてある知識と技術とをうまく出会わせるよう誘導してゆく――こうした形での、義務教育における音楽の授業を期待したいと思います。

中学校の音楽の教科書

第2章 まとめ

このあたりで義務教育の音楽の授業を切り上げたいと思います。

中学時代は多感な季節です。また、学校外のレッスンで音楽を学んでいる人とそうでない人の差が激しくなるのもこの時期でしょう。部活動で運動をやっている人と、ブラスバンドに入った人とでは、音楽にたいする知識や情熱がまったく違ってきます。そういったひとたちを授業でまとめて指導しなくてはならないということで、現場の先生たちの苦労は並大抵のものではないと想像します。教科書と指導要領を読み、教科書にもとづいた、または、書かれてはいないけれども、音楽の勉強をさらに発展させることができると思われるアイディアを、以下にまとめてみます。

①「伝統音楽」については、生の舞台を見にゆき、劇場（あるいはお祭り）という文化装置とともに触れさせること。あと、音楽だけじゃなくて、それが語っている「物語」をおもしろく解説することも大切です。先生がんばってください。

②西洋音楽が「音響物理」の考え方にもとづいてできているということを理解させる。理系の生徒に「建築物としての音楽」の面白さをアピール！

③いろんな声があってよい。が、合唱においては「西洋音楽」の声でもって、もっぱらその「響き」の楽しさを味わってみよう。

④器楽演奏と歌唱表現をうまく組み合わせるようにしてみる。ギターは歌の伴奏に適した楽器です。

⑤ポピュラー音楽の歴史と現在に関して先生は勉強しておくこと。ガイド本を読みながら各ジャンルそれぞれ百曲くらい聴けばだいたいはわかります。いまだとインターネットもあるし。

⑥言葉でもって音楽をバラして聴くやりかたを練習してみる。また逆に、異なったジャンルの音楽を、ひとつの用語を適用させながら、ひとつらなりのものとして捉える練習をしてみる。
⑦学校で習う音楽の技術は、十分に現在の「商業音楽」を演奏するためにも使えるということを確認してみる。

などでしょうか。

公共のものであると同時に、きわめて私的なものでもある「音楽」の、その両面について学ぶことが、中学の音楽の授業のポイントになるのではないかと思います。

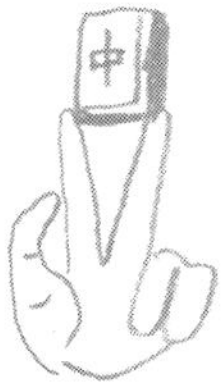
中

教科書

第3章 高校の音楽の

高校の音楽は選択科目です

『平成日本の音楽の教科書』、最後の第三章は「高校の教科書」です。工業や商業に専門化されていない高校に入学すると、音楽の授業は普通科目の「芸術」のひとつに組み込まれて、生徒は「音楽」、「美術」、「工芸」、「書道」の四科目からどれかを選択して、最初の課程を履修することになります。

筆者が高校生だったころ（一九八八〜九〇年）は「書道」というのはなかったような……と思ってちょっと調べてみると、なんと一九四八（昭和二十三）年の指導要領改訂案からすでに「書道」の科目はあって、一九五六（昭和三十一）年の全面改訂から今までずっと、「書道」は「芸術」として高校で教えられるものだったんですね。知りませんでした。

高校時、筆者は「音楽」を選択していました。ところがこれが変わった授業で、先生は自分では授業をやらないで、全部生徒に任せちゃう。生徒ひとりひとりの発表の日程を決めて、それぞれに何をやりたいかを考えさせて、自由研究みたいなかたちで当日、調べたことを発表させる。レジュメ作って、音源揃えて聴いたり、ピアノ弾ける人はピアノ弾いたりして、で、そのあと先生が加わってディスカッションをおこなう、みたいな授業でした。テーマが思いつかない人は教務室に相談に行っていろいろとアドバイスをもらってたみたいだし、いま思えばとてもいい授業だったようにも思うのですが、当時の筆者は生意気にも音楽教師のその態度を「サボってる」と判断したらしく、じゃあこちらも好きにやらせてもらいますといった感じで一度も相談に行かずに、自分の担当日はなんかビートルズのバロック・アレンジのCDかけて聴くだけ、みたいなことをやったりして、いま思えばホントに面倒くさい生徒でした。

その頃はとにかくいろんな音楽を聴くことに精一杯で、プログレッシヴ・ロックの古典からジャズのアヴァンギャルドまで、これまで聴いたことのない、TVでは流れないような音楽ばかりを背伸びして聴こうとしていた時期だったので、学校の音楽の授業なんてハナから馬鹿にしていたんだと思います。自分の周りに普通にあるようなものから、もっとも遠くにあるような音楽が聴きたかった。その結果、モダン・ジャズに代表されるような「特殊なブラック・ミュージック」の魅力を発見したというわけですが、しかし、それを音楽の授業でみんなと一緒に聴くといった発想は、全然考えもしなかった。「授業」といった公式の場所とそれらの音楽が結びついていなかったのです。

卒業を控えたある日、地元にピアノソロで来たジャズ・ミュージシャンの山下洋輔《ようすけ》を見に行ったところ、担当の音楽の先生と会場でバッタリ会いました。先生、なんと洋輔さんの国立音大の同級生で仲良かったとのことで、うーむ、それなら授業も、もうちょっと相談してマジメにやっておけばよかったかなあ?と頭をかいたことを覚えています。

J-POPも情熱大陸も初音《はつね》ミクも

それはさておき、芸術科の科目はそれぞれI~IIIのレヴェルが設定されていて、三年間のあいだに、そのどれかのうちの「Ⅰ」の過程を確実にクリアするように、といったかたちでカリキュラムが組まれているようです。

どの科目も**「中学校の学習を基礎にして、表現活動と鑑賞活動についての幅広い学習を通して、創造的な芸術の諸能力を伸ばすことをねらいとしている」**（指導要領）ということで、音楽科も題材自体は『野ばら』とか『Amazing Grace』とか『翼をください』とか、中学校で勉強したのとかなり同じ楽曲が掲載されていました。もう一回、広くて深い文脈に置きなおして確認してみるということだと思いますが、中学とぜんぜん違うのは、教科書オリジナル曲がほぼ消えて、その代わりに**J-POPのヒット曲がバンバン取り上げられている**ところですね。

いま手元にならべて参照している「平成時代の高校の音楽の教科書」は、音楽之友社の『高校生の音楽1』（平成二十八年検定）、『高校生の音楽2』（同二十五年）、『高校生の音楽3』（同二十六年）。教育出版の『高校音楽Ⅰ改訂版　MusicView』（二十八年検定）、『高校音楽Ⅱ MusicView』（同二十五年）、『音楽Ⅲ』（同二十六年）。それに教育芸術社の『高校生の音楽1』（平成二十七、二十八年検定の2ver）、『高

生の音楽2』（二十五、二十九年の2ver）、『MOUSA1』（同二十八年）、『MOUSA2』（同二十五年）、『Joy of Music』（同二十六年）です。

このなかにいわゆる「J－POP」がどのくらい載っているかというと……タイトルだけ適当に並べます。『花は咲く』、『少年時代』、『風になりたい』、『たしかなこと』、『涙そうそう』、『ふるさと』、『世界に一つだけの花』、『道』、『ハナミズキ』、『糸』、『何度でも』、『ひまわりの約束』、『残酷な天使のテーゼ』……などなどなど。つい二、三年前の曲も普通に取り上げられているのですね。

歌唱教材だけでもこんな感じで、その他、器楽曲で言えば『情熱大陸』のテーマソングの合奏などがあり、また、鑑賞曲も各教科書工夫を凝らしたセレクションで、たとえば、ポピュラー音楽鑑賞の「ヴォーカル表現とテクノロジーの歴史」の例として、教育芸術社の教科書では「初音ミク」が取り上げられていて驚きました。

そのページに取り上げられていたのは、ビング・クロスビーの「クルーナー唱法」、『ボヘミアン・ラプソディー』の多重録音コーラス、SEKAI NO OWARIのピッチ補正エフェクト、初音ミクの人工ヴォーカル、という四つで、これらを聴いてその技術の歴史や意味について解説しようとしたら、丁寧にやると一か月でも時間が足りなくなると思います。

ついに「創作」せねばならぬ

こんな風にギュッとしたかたちで、オペラ、ミュージカル、合唱、器楽アンサンブル、映画音楽、音楽とテクノロジー、ギターの弾き方、外国の歌をその国の言葉で唄うための発声方法、創作の手引き、民族音楽の表現と鑑賞、クラシックの芸術音楽の形式それぞれ、ヨーロッパ音楽史（中世、近世、近代たっぷり、ちょっと現代）、日本の伝統音楽の鑑賞と表現そうざらえ……と、どこが「ゆとり教育」なのかと思うほどの目が回る濃厚さで、高校の音楽の教科書にはさまざまな題材が詰め込まれております。

教育芸術社の「MOUSA」シリーズのコンセプトは「卒業したあとも手元に残したいと思える教科書」とのことですが、他の出版社のものも、参考音源（と、それらを手引きしてくれる人）がきちんと用意できれば、どれも一生もので読め

る内容だと思いました。そのうちの一冊の目次を図版のかたちで掲載しておきました（二十一頁）。ずいぶん文字が小さくなるのでみにくいかもしれませんが、ぜひ確認して驚いてみてください。

これらの内容を全部さらうのは高校三年間では絶対に無理なので、このなかから随時《ずいじ》教師が選んで教えるということになるのでしょう。高校の音楽においても「鑑賞」と「表現」という課題の大枠は小中学校と変わりませんが、「表現」分野は「歌唱」、「器楽」、「創作」という三つに分けて教えられます。そして、現行の指導要領において、つまり平成二十年度に「生きる力」という目標？総題？　ポエム？　のもとに改訂されて強化された課題は「創作」です。

小中学校の教科書でも「創作」の課題はありました。が、それはまだ音のつながりのイメージを確認する的な段階にとどまっており、オタマジャクシはあっても「数字をドレミに当てはめてメロディーを作る」くらいのもので、五線譜を使った本格的な編曲や作曲には踏みこんでいません。しかし、高校になると、指導要領に以下のような目標が明記されます。

（3）創作

ア　音階を選んで旋律をつくり、その旋律に副次的な旋律や和音などを付けて、イメージをもって音楽をつくること。

イ　音素材の特徴を生かし、反復、変化、対照などの構成を工夫して、イメージをもって音楽をつくること。

ウ　音楽を形づくっている要素の働きを変化させ、イメージをもって変奏や編曲をすること。

エ　音楽を形づくっている要素を知覚し、それらの働きを感受して音楽をつくること。

これらが「必修」に近い扱いの目標とされています。

具体的に、五線譜を使って作曲や編曲をしてみる、ということで、わりと大雑把に義務教育の音楽の授業を終えて、高校でうっかり「音楽」を選択してしまった人には特に、これはかなりの難題のように思えます。

「音階」を選んで旋律をつくる、ということで、教科書にはたとえば「都節《みやこぶし》音階」、「民謡音階」、「沖縄音階」などが五線譜に書かれて提示され、それを弾いて「音階」の感覚を掴《つか》み、そこから自分なりにメロディーを作ってみる、といった課題があるのですが、こういった「作曲」はある程度、ピアノやギターその他の楽器を鳴らす技術がなければ不可能な作業です。基本的に音階を聞き分ける耳というものは、楽器の演奏技術とともに成長してゆくものだからです。

自分で出した音が、その上下の音とどのような関係にあるのかを聴き取ること――小学校の時に出てきた「自分の音をよく聴く」ことがここでも大事になってきますが、いくつかの音の連なりでもって一つの世界を作るためには、実は、その世界の主になる「主音」と、その周りを取り巻く「属音《ぞくおん》」や「下属音」という音との関係を知る必要があるんですね。

そして、このような勉強にちょうどよい課題も高校の教科書には載っているのですが、それらは直接「創作」の課題と紐《ひも》付けられて書かれている訳ではありません。ということで、ここでピックアップして、ひとまとめに提示しておきたいと思います。それは、ギターの演奏法と、コードネームの読み方と、即興表現、という三つの課題です。

アコギそして「コードネーム」

高校の授業は中学音楽の延長・発展なので、この三つはすでに中学校時代にみんなが勉強している（はず！）と思います。即興での演奏はギターではなく、おそらくパーカッションや邦楽器で取り組んだのではないでしょうか。

学校の授業でアコースティック・ギターはクラシック音楽の流れで教えられるので、「アポヤンド奏法」といった、旋律の弾き方のスタイルが教材として掲載されているのですが、ギターの利点はむしろ伴奏楽器としての優秀さにあります。左手のポジションさえある程度覚えてしまえば、五線譜を見なくてもすぐに簡単な歌の伴奏ぐらいはできるようになる。

たとえば、『高校生の音楽2』に掲載されている「スタンド・バイ・ミー」は四つのポジションを弾けるようになれば、もうそれで伴奏ができるようになります。G、Em、C、D7っていう和声の繰り返しで、この「G」などの記号が、楽曲の和声の要素を示した「コードネーム」、略して「コード」というものになります。

この「コード」という言葉はいつから教科書に出てきているのかな、と思って見直してみると、すでに『中学校の器楽』の「ギター」の章に登場していました。メイジャー・コード、マイナー・コードという分類が記されてあり、しかし、そのように書いてあるだけで、これがどのように使われるのか、ということに関する説明はありません。ここから「コード」に関する知識をどれくらい教えるのかは、教師の自由裁量に任せるということでしょう。

同じく、高校の教科書でも、コードのダイヤグラム（ギター上の指のかたち）は掲載されていても「コードネーム」っていうのは一体何で、で、その書き方／読み方はどうしてこうなっているのかという根本的な解説がないものもありました。音楽之友社版には楽典の中に二ページだけ説明があり、『Joy of Music』にはわりと丁寧に記載されていますが（二十四ページ）、やはり、表現領域と接続した勉強としては扱われていません。

これは、「コードネーム」というものがクラシック音楽の規則＝楽典では取り扱わない、もっぱらポップスに対応したシステムだから、ということが理由なのではないかと思います。

「コードネーム」は、それが書かれたその下の部分の小節内の和音を示している記号です。「コードシンボル」と記している本も、教科書以外の専門書では見られます。「シンボル」の方が意味がわかりやすいかもしれません。つまりこれは、和音＝音の響きを「記号化」して「シンボル」にしてあらわしたものなんですね。

クラシックとポップス、その魅力の異なり

クラシック音楽というものは、基本的にそこで鳴らされている音がすべて音符のかたちで五線譜に記されています。一音一音それはもう完全に完成していて、それを勝手に省略して弾いたりしてはいけない。上から下まで完全に構築された、動かすことのできない建築物がクラシックです。

中学校のところでも書きましたが、西洋音楽はいくつかの音のかさなりの「協和度」がわたしたちの耳にもたらす緊張と緩和のシステムを上手く使って、音

楽を前進させたり停滞させたりする力を得ています。和音にはそうした機能があるんですね。西洋音楽はこれを「機能和声」という体系にまとめました。（「和音」のつながりとその仕組みのことを「和声」と呼びます）。

音にはいろいろな組み合わせがあるわけですが、その組み合わせを、それが楽曲のなかで果たす「機能」に沿って分類して体系化する。クラシック音楽の譜面も、そこに書かれている音符を分析することによって、「ここは展開を宙《ちゅう》吊《ず》りにしたサブドミナント状態」、「ここから安定したトニック」（傍点は機能和声用語です！　興味のある人は専門書に！）みたいに分析できます。そのようにして抽出した「和音」をシンボル化して記号で表したのが「コード」なんですね。音を全部書かないで、メモみたいに、その意味だけを記号として演奏者に指示するやり方が「コードネーム」表記です。

ポップスはクラシックと違って、上から下まで厳密《げんみつ》に記譜《きふ》しなくても、極端に言えばメロディーとそれに付けられた和音だけあれば成立する音楽です。もっぱらそれを唄ったり弾いたりする人の「個性」にポップスは重点をおいていて、そういったポップスを演奏するために、演奏する人の解釈でもって弾き方を変えられる「コード」っていうシステム、および、「コード」を演奏しやすい「ギター」って楽器は最適なものなんです。

コードネームのシステムについて、ここでは、その詳細を解説することは省略します。教科書に載っているダイアグラムを頼りに何曲か弾けるようになってから、その意味を解説している専門書にあたってみてください。

ここで述べたかったのは、「音階」による「創作」の課題は、このような「和音」の動きの連結と同時に教えることによって、格段に学びやすくなるのではないか、ということです。

楽曲のなかから和音の機能を掴みだし、それを繰り返し演奏して、その響きを味わいながら、そのサウンドにちょうどよくマッチする旋律を鼻歌で即興的に唄ってみる。聴いている人にお願いして何か好きなように人に歌ってもらってもいいと思います。そして、よい感じに聴こえるメロディが固まってきたら、その旋律をギターでなぞったり、ピアノで弾いたりして、その音を確認し、譜面に起こして、紙の上に定着させて作品にする——いきなり五線譜から、ではなく、ギターによる弾き語りの延長に「創作」の課題を位置づけること……こ

高校の音楽の教科書

のようなやりかたで「創作」にアプローチをすることで、一回の授業でいくつかの課題を同時に展開することができるのではと思います。

コードの連結から音階が導き出され、また逆に、音階から和音が立ち上がるということを、ギターによって手と声で実践してゆく作業は、生徒の「創作」の意欲を大きく高める授業になるのではないかと思います。これまでギターを触ったことのない先生もいるかもしれませんが、コードの仕組みさえおぼえれば曲のバッキングくらいはすぐできるようになりますので（ほんとですよ）、このあたりで少し練習してみてはいかがでしょうか。

歪《ゆが》んだ音、自分にふさわしい声

ところで、ポップスでギターといえばエレクトリック・ギターがメインですが、高校に至っても教科書はエレキ・ギターの存在については黙殺《もくさつ》状態を続けています。口絵見開きでザ・ビートルズ特集をおこなったり（『Music View』）、鑑賞コーナーにディープ・パープルやレッド・ツェッペリンといったロックバン

ドを取り上げたりしている教科書もありますが、二十世紀後半を牽引《けんいん》したこの楽器の特徴についての解説は、高校のどの教科書にもまったく出てきません。

これはどうしてなのかと考えると、おそらくシンプルに、教科書側はエレクトリック・ギターをまだアコースティック・ギターの代用品か、極端にいうとそれを「おなじもの」だと認識しているからだと思われます。

同じだから、わざわざ別項を立てて教える必要はない——確かに、ドレミを扱う指板の部分はエレキもアコギも同じ組み立てです。ドレミの部分がおんなじだから、譜面的には同じ教え方でいい訳ですが、弦を弾いて音を出したその先がエレキとアコギではまったく異なっています。

エレクトリック・ギターは、弦を弾いて出した音をピックアップでひろって、増幅回路で拡大し、ギター・アンプという出力装置で鳴らすことで演奏します。弾いた音と出る音とのあいだに電気回路が挟《はさ》まっており、この回路のセッティングによってさまざまに個性的な「電化された音」を作ることができるというわけです。

たとえば、音を過剰《かじょう》に、アンプが受けきれないほどの音量にまで電気的に拡

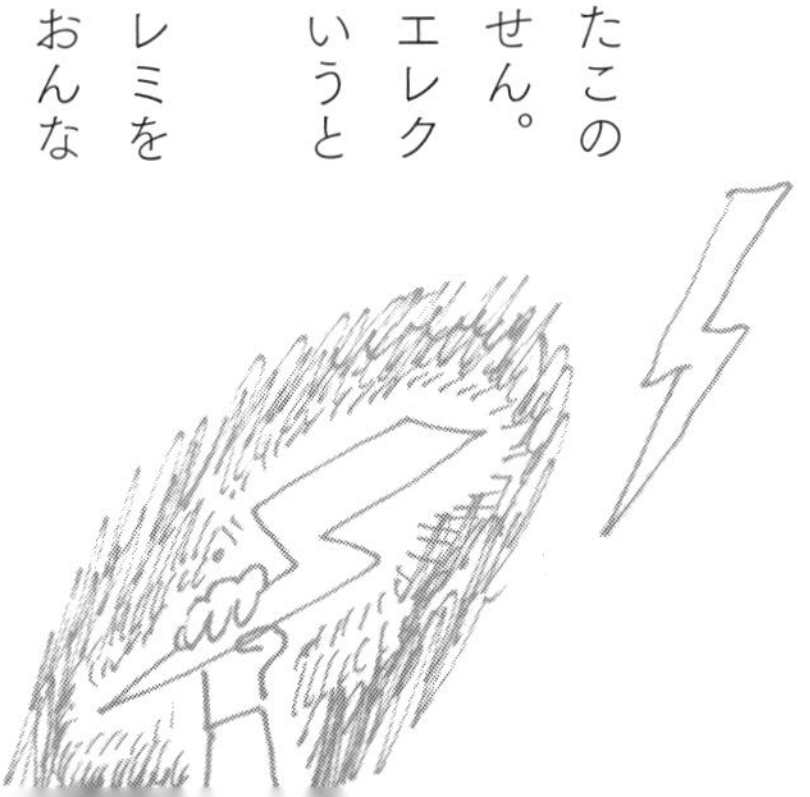

大して鳴らすと、その音は歪みます。九〇年代を代表するロック・バンドのひとつ、ニルヴァーナの故カート・コヴァーンは、「エレクトリック・ギターを買ったとき、俺は歪みを買ったのさ」と述べたとのことですが、エレキの心臓部分はドレミよりもむしろこの「歪み」――電気回路による音の拡大と変形にあるのです。

このような「歪んだ音」は、自身の心と身体、自我と他人からの視線とのあいだに裂《さ》け目を感じている中高生にとって、自分の状態をあらわすのにふさわしいサウンドとしてアピールします。また、ギターとアンプとのあいだに挟まった電気回路は、そのエフェクトを調節することによって、洞窟《どうくつ》にも宇宙にも海底にもその響きを似せることができるヴァーチャルな空間です。エレキの魅力はこのような、「自分にふさわしい声」と「自分が音を出す場所」自体を自分で電気的に作り出せることですね。

これは完全に二十世紀的な音楽の要素のひとつであって、十九世紀に完成した「楽典」をそのまま引き継いでいる教科書／音楽理論では、こうした領域に触れることはむつかしい。そういえば「電気」の存在自体が、音楽の教科書の中には登場していません。ここはまだ電力が届いていない、十九世紀の社会に基盤をおいた世界なのです。

二十世紀に世界を引っ張ったポピュラー・ミュージック、特にロックと呼ばれるようなジャンルは、このような「電化」されたサウンドによって自身の個性を十分にアピールすることができたミュージシャンたちによって作られました。

増幅された世界に生まれるもの

ギターだけでなく、実はマイクもこのような「電気回路」の一種です。マイクロフォンにどのように自分の「声」を乗せるか、という技術は、二十世紀のポップスにとってとっても重要になってくるポイントです。

十九世紀まで、歌い手は基本的にオペラ的な、あるいは民謡的な発声ができなければ舞台の上に登ることはできませんでした。そうした発声によって声を強く大きくしておかなければ、周囲の器楽の演奏に声が埋もれてしまって、客席まで歌を届けることができなかったからですね。教科書で教える合唱のための「良い声」というのも、こういった時代のこのような状況を前提にして考えられています。

しかし、現在わたしたちは、自分の声をそのように鍛えなくても、みずからが持っている声の個性をそのままに、それをマイクで増幅することによって歌を唄うことができます。ぜんぜん「良い声」じゃないんだけど、しかし、とっても魅力的なそれぞれの声を発見することが、ポップスにおける第一のステップになります。

マイクを通して、スピーカーから出てくる自分の声や他人の声をよく聴き取り、それを理解すること。ここでも、音痴の克服の場合と同じように、「声をきちんと聴いてあげる」ことが最大の勉強法になるんですよ。

教科書でポップスを扱うならば、本来ならばこのような**「電気的に音を増幅すること」**と、**「それによって生まれたあたらしい可能性」**、つまり、**「音楽が成立するあらたな舞台の誕生」**について触れる必要がある、と筆者は思います。

現在、中高生が授業や部活以外でふれる「楽器」のそのほとんどは（カラオケのマイクも含めて）、なんらかのエレクトリック楽器なのではないかと思います。音源とその発音体とのあいだに電気回路が挟まっている「楽器」をまだ触ったことのない先生は、どこかの貸スタジオで、一度でいいからアンプにギターをつなぎ、いろんなツマミを全部10にしてジャーンとエレクトリック・ギターを弾いてみてください（スタジオでギターは借りることができます）。滅茶苦茶に歪んだ滅《め》茶《ちゃ》苦《く》茶《ちゃ》な大音量が出ると思いますが、こういった音こそが二十世紀に発見されたあたらしい音楽の領域であり、ポップスが好きな生徒さんたちは、こうした音に「現在」とかかわるためのリアルを直感しているのです。

厳密《げんみつ》な思考が作る「現代音楽」、聴けば意外と拍子抜け

ところで、二十世紀のクラシック音楽の主流は、このような電気回路などによってもたらされる「歪み」や「個性」を徹底的に排除《はいじょ》しながら、十九世紀のシステムよりもさらに厳格にコントロールされた音楽を生み出す方向へとむか

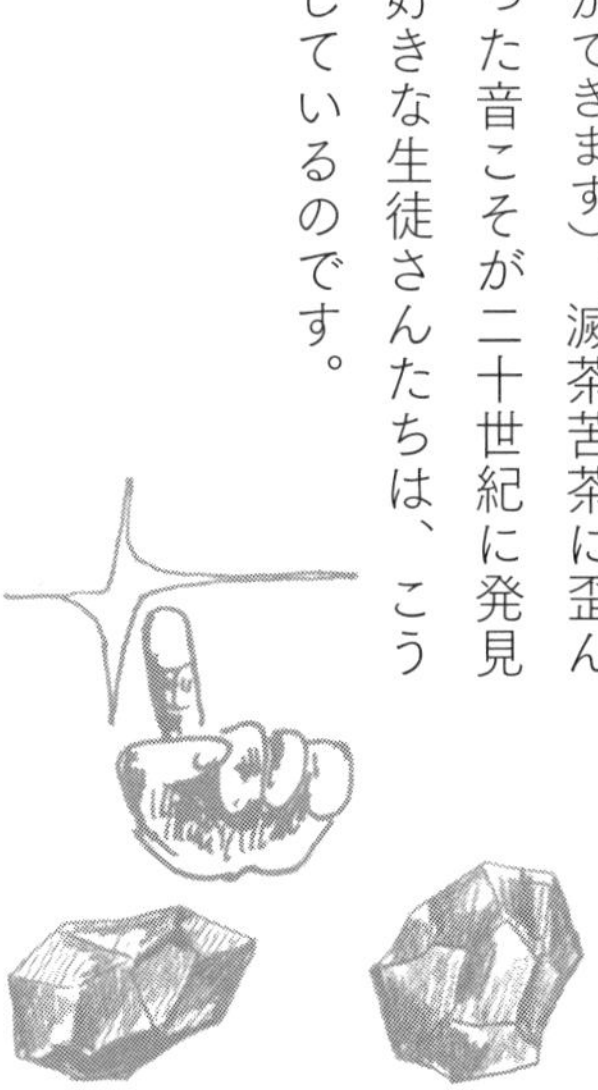

ってゆきました。教科書にも（端っこの端っこですが）載っていることなので、ここでざっと「二十世紀のクラシック音楽」のメインストリームについてまとめておきましょう。

西洋音楽史は「音楽の授業」では、教材となる作品が豊富にあるし、だいたいの先生はこのあたりは大学で勉強しているはずでしょうから、きっと教えやすいところだと思います。しかし他方、二十世紀に入ってからはノーコメントという人も少なくないんじゃないかと思います。しかし、実は、二十世紀の音楽史から翻《ひるがえ》ってバッハの時代を見たほうが、歴史の見通しは却《かえ》ってよくなる、ということがあるのです。

ここから少しだけややこしい話になります。普通にやると膨大なページ数が必要になる話なので知らない固有名詞は適当にネットで検索したりして補完しながら読み進めてください。

ベートーヴェンの遺産を受け継ぎながら、さらに偏執的に巨大化させた作品群でもって調性世界を破滅《はめつ》の淵《ふち》に追い込んだリヒャルト・ワーグナーと、その影響を受けながら、物語と手を切った「映像的」な世界を描くことで見事に独

自な音楽を作り出したクロード・ドビュッシーが、十九世紀から二十世紀へクラシック音楽を橋渡しする二大巨匠となります（マーラー、シュトラウス、ストラヴィンスキーなど、十九世紀の領域を広く深めていった「巨匠」たちについては、ここでは脇にどけておきます）。

この二人とはまた異なったやりかたで作品を作るために、多くの音楽家が呻《しん》吟《ぎん》を続けました。その一人、アルノルト・シェーンベルクは、オクターヴ内の十二個の音の平等性を前提に作曲をおこなう、いわゆる「十二音技法」という作曲法を生み出しました。彼と彼の弟子であるアルバン・ベルクおよびアントン・ウェーベルンの作品が、第二次世界大戦後のクラシック音楽界にひとつの大きな流れを作り出すことになります。

フランスのピエール・ブーレーズやドイツのカールハインツ・シュトックハウゼンといった、戦後のヨーロッパを代表する作曲家たちは、「十二音技法」の基盤となる「音列」という発想を、音高、音価、音量、音色など音楽のすべての要素に展開して作曲をおこなう「総音列技法」を唱えました。この作曲法においては、音は各種のパラメーターに分解されて、その数値を操作して並べる

ことによって、音楽が形作られてゆきます。

きわめて数学的な発想にもとづいた作曲法です。これまでのヨーロッパ文化を破壊した二つの大戦を経て、若い芸術家たちは過去の遺産を見直し、むしろ白紙の状態で、このような「厳密な思考がもたらす力」だけを頼りに自分たちの作品を作りはじめようとしたのでした。いわゆる「現代音楽」は、彼らのこのような活動をその本流として、五〇年代から六〇年代にかけて隆盛することになります。

総音列技法において、基本的に**音は数値として扱われます。**そもそもピアノのそれに代表される「平均律」という調律法自体が、「オクターヴ内を均等に十二分割する」というきわめてシステマティックなものだった訳ですが、ここで彼らはその考え方を全面的に推し進めたのです。

たとえば、よく「美しい音色だ……」などと語られる、音色。音というものは基音と倍音の組み合わせでできている。で、音とは空気の振動であり、すべての振動は波形として記述することができて、その波形は科学的な装置によって制作できる、いわゆる正弦波の合成によって表現することができる——。こ

うして彼らは「音色」という要素も、正弦波という数値で扱うことのできる状態に還元して、それらを組み合わせて作り出すところから「作曲」するという作品を生み出しました。

電気的・科学的な操作によって得られた音を録音し、それを編集して作り上げる、いわゆる「電子音楽」というものです。それまではピアノとかオーケストラを使って、十九世紀的なコンサートの伝統のなかで彼らも作曲していたわけですが、もうそこからも手を切ってしまう。使われる音そのものから厳密に「作曲」し、演奏者という人間の手も排して、作曲者の意図を録音物として完全なかたちで「定着」させた、ヨーロッパ音楽のある種の極北《きょくほく》です。まあ、実際に聴いてみると、「え、これが……？」と拍子抜けするかもしれませんが……。

音を出さない演奏と「ミュジーク・コンクレート」

以上は、電気／電子技術を「音の純化」の方向に応用したひとつの実験の成果についてでしたが、一方アメリカでは、ジョン・ケージによって「雑音」を音楽のなかに取り入れるさまざまな作曲が試みられています。

もっとも有名な作品は、時間の構造が示されていて、しかし、楽譜には演奏する音の指定がない、つまり、**演奏家はこの曲を演奏しているあいだ音を出すことができない。**『四分三十三秒』という作品です。ここで楽曲は、その演奏中に聴こえてくるすべての音を受け入れる器として機能しています。

このようなケージの作品は、ヨーロッパ音楽の文脈をある種のかたちで引継ぎ（彼は一時期シェーンベルクに作曲を習っていました）、しかし同時に、ある種のかたちで断ち切ることに成功し、「音」を「音楽」として結びつけるあらたな体系を生み出しました。イヴェント、ハプニング、パフォーマンスといった二十世紀後半のさまざまなあたらしい芸術は、ケージのこうした作品から大きな影響を受けています。

音楽をその素材から見直す作曲法としては、もうひとつ、フランスのピエール・シェフェールが考案した「ミュジーク・コンクレート」というものがあります。彼はさまざまな音を録音し、その音を加工・変形して音楽を作る、という作業を体系化しようとしました。しかしこの発想はクラシック界では異端《いたん》に

止《とど》まり、しかし、二十世紀の終わりごろになってむしろポップスの領域で再評価されることになります。

これらの潮流《ちょうりゅう》は、一九七〇年代に入るとともにみな一段落をむかえます。「電子音楽」は完全に放棄《ほうき》され、ヨーロッパの作曲家たちはみな伝統的なオーケストラの響きに戻ってゆきました。ケージの思想はひろく薄められて一般化し、彼の発明はいまでは多くの人が安心して使えるものになっています。

現在はここで得られたそれぞれの発想を——そして、十九世紀に完成された技法と世界観をきっちり継承《けいしょう》した「新ロマン主義」派とを——横並びにしたような状態で、クラシック音楽は作られ、聴かれています。

クラシック音楽の拡張とポピュラーミュージックの大発展

「芸術」として鑑賞されるものとしての「クラシック音楽」は、上述したように、あらたな「素材の吟味《ぎんみ》」による「形式の発明」、および、「他ジャンルとの接続」を試みながら、二十世紀を乗り切りました。

にもかかわらず、高校の音楽の教科書に出てくる「クラシック音楽」の鑑賞教材は、このような二十世紀クラシック音楽の拡張を「歴史的な流れ」として把握できるようなかたちでは提示されていません。

現代音楽を「鑑賞」する場合には、たとえば、上述したようなムーヴメントの「意味」を考える時間を作って、いろいろと聴き比べながら授業を進めてゆけば、生徒の鑑賞態度もかなり変わってくるのでは、と思います。

たとえば、五〇～六〇年代の「電子音楽」などは、聴いたとたんにみんなの頭のなかにいっせいに「?」が浮かんで、そこからいろいろと考えるきっかけとなるので、極端なものですが、おススメしておきます。黛《まゆずみ》敏郎《としろう》と諸井《もろい》誠《まこと》の『七のヴァリエーション』などが良いのではないでしょうか。この時期の現代音楽は美術分野ともつながりがあるんで、「現代美術」に興味を持ち始めたような生徒にもぴったりの教材だと思いますよ。

一方、「鑑賞」することよりもむしろ、演奏者と聴き手が一緒に、踊りや歌によって自らを「表現」しながらその「創造」に積極的に参加する音楽――つまり、全世界にひろがるポピュラー・ミュージックのあれこれも、二十世紀には大発展・大変化を遂《と》げます。

ポピュラー・ミュージックの創造の現場は、世界各地のローカルなコミュニティーです。彼ら・彼女らは、自分たちの娯楽、あるいは儀式として「音楽文化」を発展・継承し続けてきました。中学校の教科書の章でも書きましたが、そのように共有された文化を軸にして「民族」が形成され、そして、それぞれの民族はそれぞれ異なったスタイルの音楽とともに、生活を送っていた。しかし、これが近代に入って変わっていくことになります。

「民族音楽」の商品化と「レコード」の登場

いち早く「近代国家」の態《てい》を成したヨーロッパの国々は他の大陸に続々と乗り込み、その土地を植民地化し、自分たちの文化をその土地の民族のそれに押し付けました。「科学の裏付け」という普遍性の顔を持った（そして実際、教えやすいし、学びやすい）「西洋音楽」は、そのもっとも強力な装置として機能しました。十七世紀から十九世紀にかけて、世界各地に、ヨーロッパ音楽が混合されたあらたな「民族音楽」が産み落とされてゆきます。そして、きわめてゆっくりとしたかたちで進んできたその文化的混淆《こんこう》が、おもにふたつの理由から、二十世紀に入って急激な発展をみせます。

理由のひとつは、資本のネットワークが全世界をほぼおおい、近代的な生活形態が世界各地で一般化したことです。わたしたちの「文化」は、このあたりから、土地の条件よりもむしろ、「都市」を成立させるさまざまな生産力にもとづくものに変化してゆきました。

「都市」に暮らす「大衆」としてのわたしたちの文化は、その大部分が売り買いできる「商品」によって形作られています。「商品」は不特定多数に向けて、生活よりもむしろ資本のリズムに従って、売れれば売れるほどその回転数を高めながら新製品が作られてゆきます。「音楽」は都市の生活を彩る娯楽文化のひとつとして、世界各地でまだ生き残っているローカルな音楽をどんどん「新製品」として取り込むことで、商品として一大発展を遂《と》げたのでした。

その発展を支えたのが、レコードの発明とその商業化です。音楽を録音して、パッケージングして、固めて、再生装置と一緒にマス・プロダクト化すること に成功した。これがポップス発展のもうひとつのカギですね。

二十世紀初頭までポップスは、ピアノ伴奏と歌メロと歌詞が書かれた、譜面の状態で売り買いされていました。いまでも会社名に「音楽出版社」って付いてるのはその名残《なごり》ですね。それがレコードの登場によって変わります。特に電気的録音が成立した一九二〇年代の終わりから、譜面に代わってレコードはまさしく大量生産・大量消費の「商品」として、音楽を売り買いさせる格好の媒体となりました。

レコードも含めたマス・メディアは、ポップスの性格を根本的に変えました。

しかし、このような記述は教科書のどこにもありません。高校音楽の指導要領には、《**音楽に関する知的財産権などについて配慮し、著作物等を尊重する態度の形成を図るようにする**》という目標が掲げられていますが、そもそも「音楽は商品で（も）ある」ということについての解説がないので、いわゆる著作権を扱う授業においても、「現状やってNG」なことをただ列挙《れっきょ》するだけになってしまうのでは、と心配せざるを得ません。

必要なのは、音楽が著作物として売り買いされるものになるための条件と、現状にいたるまでの歴史的推移の確認です。最低でも、譜面としての音楽と、録音物としての音楽の両方を提示し、それがどのように「商品」として異なっているのか、ということを考えさせることが、まず、著作権についての授業では必要なのではないかと思います。

録音物に映りこむもの／各民族のリズム構造

録音物としての音楽の魅力は、譜面には書くことのできない、記号化されていない「個人的なサウンド」を保存し、再生できるところにあります。ジョン・レノンの声、ボブ・マーレイの声、マイルス・デイヴィスのトランペット、ジミ・ヘンドリクスのギター・サウンド……もし譜面が残っていたとしても、レコードがなければ、これらの「音」はもう二度と聴くことができないものになっていた。そう思うとぞっとします。

これらレコードに記録された個性がポップスという音楽の最大の支えであると

いうことについてはすでに述べましたが、じつは録音には個性だけでなく、その個性を支えている「無意識」あるいは「下部構造」というような、個人を超えてその背後に広がっている、たとえば社会的な環境とか、歴史的な状況などが映り込んでいる場合があります。

　人間の耳や目は、見ようと思ったもの、聴きたいと思ったものだけを選んで受け取るように働いています。ところが**録音機材にはそういった選択の能力がありません。**機材はカメラのように、映ったものを平等に保存します。そのように保存されたものを聴いて、あるいは見て、わたしたちははじめて、これまで目の前にあった世界が「自分たちが選んでいるもの」によって作られている、ということに気が付くようになりました。

　音楽的にいうと、たとえば、クラシック音楽は節の一拍目にアクセントが置かれます。このことは譜面にわざわざ書く必要がないくらい、ヨーロッパ出身の民族にとっては「自然」なことなのですが、アフリカ出身、あるいはアジア出身の民族の文化にとって、このようなリズムの感覚はまったく「自然」なものではありません。

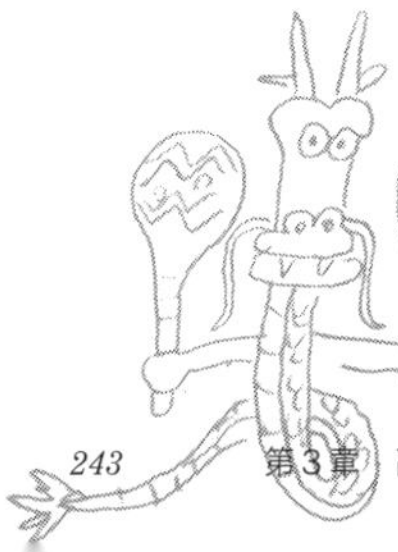

アフリカ系のリズムの把握の基本は、体幹《たいく》を大きく使った、拍のオモテとウラのどちらにも自由にアクセントを付けることのできる定速・均等なものです。アジア系は（まあ、アジアもアフリカも広大なので、「その代表的な音楽文化は」くらいで考えてください）手と息の運動によって導かれる、軽く伸び縮みしながら密度を変えてゆくリズムによって音楽が支えられています。

そして、ヨーロッパ系のリズム感の基本というのは、踏み出す足のステップと、アクセントをきちんとつけないと意味が伝わらない彼らの言語構造に由来したものなんですね。

そういった意味では、クラシック音楽を支えている「リズム」はきわめて欧州ローカルなものであって、まったく一般的なものではありません。しかし、録音して聴き比べることができるようになるまで、ヨーロッパ人は——というか、世界のどの民族もそれぞれに——自分たちのリズム感が「普通」のものであって、別なやりかたでリズムを取る人たちがいるなんて思ってもいない、そんなことを意識することもできないまま、自分たちのリズムを「自然」なものとして、それぞれに音楽を作ったり演奏したりしていたわけです。

「録音」で明らかになる多様なリズムとルール

リズムは音楽のなかでも、各民族の身体性（と言語）にがっちり結びついた要素です。自分の身体のクセを自分で客観的に把握することはとってもむつかしい。クセがあるということ自体を理解することもできないのが普通で、ところが、録音機材には身体がありませんので、歪んだものは歪んだまま、ズレてるものはズレたまま、アフリカ音楽もヨーロッパ音楽も同じやり方で記録し、同じスピーカーで再生してくれます。こんな風に、「カメラ」に撮られた自分たちの姿、そしてその他の人たちの姿を見ることで、わたしたちはようやっと自分たちの音楽がきわめてローカルなルールに従って作られているものだってことに気が付くことになったんですね。

そして、二十世紀のポップスを活気付けたのは、このようにして発見された世界中のローカルなリズム構造でした。それはそのリズムによって踊られる各地のダンスとともに、声を彩《いろど》るあらたな個性として音楽のなかに取り入れられ、

それまであったものと混ぜ合わされ、随時商品として標準的なかたちにまとめられながら、いまでも市場を賑わせています。

古くはタンゴやマンボ、チャチャチャやスウィング、あたらしくはハウス、ドラムンベース、トラップ……といった風に、ポップスは「リズム」から動きはじめます。高校音楽の現行の指導要領の「鑑賞」には、《**楽曲の文化的・歴史的背景や、作曲者及び演奏者による表現の特徴を理解して鑑賞すること**》という指導事項の指定とともに、「諸外国の音楽文化」について、以下のように述べられてあります。

> 《国際化、情報化が進んだ現代社会にあって、我が国及び諸外国の様々な音楽に関する学習を通して、それぞれの文化を理解し尊重する態度を育成することが求められている。「我が国及び諸外国の様々な音楽」とは、我が国及び諸外国の芸術音楽、民俗音楽、ポピュラー音楽などを意味し、これらの音楽は、過去から現在に至るまでの間、国、地域、風土、人々の生活、文化や伝統などの影響を受け、生み出され、はぐくまれてきており、それ

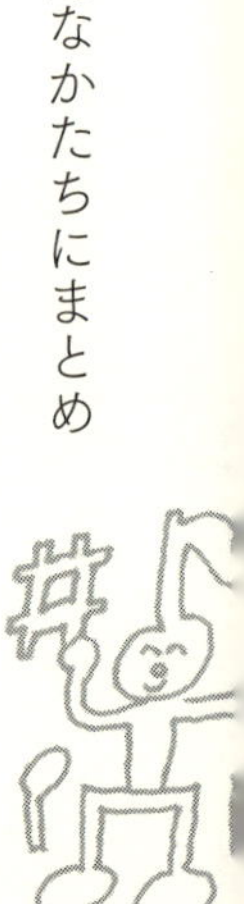

ぞれが固有の価値をもっている。様々な音楽を幅広く扱うことは、生徒が音楽の多様性を理解し、音楽的視野を広げ、音楽文化についての理解を深めていくことになる。》

またしても総花《そうばな》的な記述ですが……「録音」で聴くことのできる「諸外国の様々な音楽」の特徴のなかから、各民族楽器の響きの特異性だけではなく、「リズム構造」という音楽を支えている基盤の差異を聴き取り、それを比較して理解するという方向こそ、まさしく「国際化、情報化」が進んだ現代社会において、何が混ざり合って変化し、何が昔のままであるのかを理解するための授業になると思います。

ちなみにエレクトリック・ギターとおなじように、ポップスを牽引した「ドラム・キット」という楽器も**二十世紀の発明品のひとつ**です。これは、シンバルはイスラム圏、スネアは欧州、タムはアフリカ〜南米〜アジアのごった煮、といった風に、世界各地の民族打楽器を寄せ集めたキメラ的楽器で、それぞれの「リズム」を抽象化《ちゅうしょうか》して「ポップス」に導入するにあたってこの楽器は大活躍しました。

その遺産は現在、リズム・ボックスとシーケンサーという「電子楽器／コンピューター」が引き継ぐかたちで、まだまだリズム配合に関する実験＝世界各地の音楽の異同を確認する作業は続けられています。

「音楽作品の液状化現象」

このように、録音によって広がった音楽の世界はきわめて大きい。ほとんど教科書に出てこない題材ですが、この世界の特徴を簡単にでもおさえておくことは、たとえそれを直接扱わないにせよ、説得力を持った授業を生徒たちとともにおこなうために必須なものなのではないかと筆者は思います。

そのために、たとえば、デジタル機材によって最近は録音および再生の作業は超簡単になりましたので、とりあえず自分の声、合唱の練習、器楽の練習などを録音してみんなで聴いて確認する、みたいなところからでもいいので、「録音」と「再生」によって「音楽」はどのように変化するのか、ということにつ

いて考えてみるのはどうでしょうか。「音を録音して聴いてみる」ことの可能性について勉強することは、高校の音楽の授業では可能なのではないかと思います。

平成の時代だけでも、音楽のメディアはずいぶんと変化しました。CDからデジタル・データになり、インターネットの普及と結びついて、音楽は「ネット上に置いてある」ものになり、また、スマートフォンやタブレットの普及で「動画」とともに楽しむことが定着し、現在では定額ストリーミング・サービスによって、もしかするとネットにおける音楽はあたらしい「ラジオ」のようなものとして楽しまれるようになってゆくのかもしれません。

レコードやCDというモノに固められた音楽が、二十世紀の「商品としての音楽」の広がりを作り出した訳ですが、現在そうした録音物はデジタル・データに変換されて、物理的なパッケージを解かれて、インターネット環境のなかで、誰がそれを所有しているのかが不明瞭なかたちで、また、作品としての外枠も確定できないまま、輪郭《りんかく》が滲《にじ》んだ流動物としてさまよっています。

このことを**「音楽作品の液状化現象」**と筆者も含めた音楽関係者は呼んでい

ますが、こうした場所では立派な芸術作品も、まだ作品以前の、ちょっと「録ってみた」ぐらいの録音も、ぱっと聴いただけでは区別することがむつかしい。そして、こういったメディアが一般的になっている状態で、教科書が求めている、いわゆる「鑑賞」による芸術の体験をするのは、生徒の聴く能力の有無以前に、**まず環境として無理**があるのです。

あらためて、「芸術を鑑賞する」という題材は、実際にコンサート・ホールや劇場に行くことを含めた授業として進めるやり方を作る必要があると思います。また、平成の現在、音楽は、それぞれのリスナーがイヤフォンで聴くというかたちで、受容されることが一般的になってきています。

生徒さんの耳をイヤフォンから解放して、生の空間で、生きている人間が目の前で鳴らす楽器の響きを聴くこと。一回切りしか経験できない出来事としての「音楽」こそ、いまの時代、まず学校教育において経験させなくてはならないことではないかと思います。

残響《ざんきょう》とタブレット

すこし話が逸《そ》れますが、場所との関係ということで言えば、リコーダーを練習するという課題においても、たとえば、校舎のなかのさまざまな場所で、そこで得られる残響の違いを比べながら、曲を吹いてみる。これは音楽が「場所」と密接に結びついているということ、響きというのはいまあるこの空間のなかで起こる出来事なのだ、ということを理解させる、よい体験になるのではないでしょうか。

そして、「表現」の分野においては逆に、スマホやタブレットという状態でパーソナル・コンピューターが普及した現在は、これまでにないほど手軽に音楽を創作してみんなで聴くことができる条件が整ってきているのでは、と思っています。

パソコン上で音楽を鳴らしたり、録音したり、編集したりするための環境をDAW（デジタル・オーディオ・ワークステーション Digital Audio Workstation）と呼びます。わたしたちは現在、DAWを構成するさまざまなアプリケーションによって、たとえば液晶の画面をタッチするだけでいろいろな音を出したり、それを保存したり、編集したりすることができるようになっております。

DAWを使えば、楽器の練習なしで、ほとんどゲーム感覚で音をコントロールできるのです。とはいえ、これだけではまだ「音楽」以前なので、わりとすぐに飽きてしまうのですが、教科書を電子書籍化し、タブレットとアプリケーションを連動させて、ネットでそれらをリンクさせながら、さまざまな題材でもって生徒たちが演奏をおこない、そしてそれをそのまま録音して聴いて、そしてまたそれを編集して……みたいな授業は、やろうと思うならば、技術的にはいまでもすぐに可能なことではないかと思われます。

実際、いま演奏した音をすぐ耳で聴いて確かめられることの効果は大きい。基音、倍音、純正律《じゅんせいりつ》、周波数……などの音響物理に関する題材もデジタル・メディアでは扱いやすいですし、このようなインターメディア的な授業というものは、むしろ小学校に入ってすぐに始めたほうが効果的なのかな、とも思います。

小学校に入学してすぐに、教科書みたいに一台のタブレットが供給され、学年が上がると（課題をクリアすると？）あたらしいアプリがダウンロードできるよ

うになる、とか。同時に、毎年のアップデートに従って、IT時代のネット・リテラシーもすこしずつ勉強できるようになっているとか……。いろいろ利権が複雑に絡《から》みそうだから簡単ではないでしょうし、そもそも学校の予算では無理かもしれませんし、モバイル・ギアは教科書よりもっとずっと依存度が高くなりそうなので、「教育」に組み込むのは慎重であるべきだとは思いますが、音楽の授業を実りあるものにするためのアイディアとして、検討されてもよいのではないでしょうか。文部科学省さん、いかがでしょう。

音楽は「行為」である。そして私たちはすべて、音楽の才能に恵まれている。

デジタル・メディアは「表現」分野の教材を大きく変えてくれる可能性がある——一九九八年に書かれ、すでに音楽学の方面では古典として評価されている、『ミュージッキング——音楽は〈行為〉である』という本があります。著者はニュージーランド出身の音楽学者、クリストファー・スモール。

彼はその本のなかで、音楽の本質は固定化された「音楽作品」にではなく、それをおこなうひとびとの「行為」のなかにある、という論を、さまざまな例を挙げながら展開しています。ちょっと長くなりますが、引用します。

《音楽の本質とその根本的な意味とは、対象、すなわち音楽作品のなかにあるのではまったくなく、人びとの行為の方にある。人びとが音楽的な行為に参入する時に何をしているのか、それを理解することによってのみ、私たちは人間の生における音楽の本質と機能を知りうるのだ。この機能が何であれ、私にはある確信がある。第一に、音楽の行為に参入することは私たちが人間であることの重要な部分をなすということだ。これは話すこと《スピーチ》に参加できることが人間性の本質に関わるのと同じくらいに重要なことで、じっさい両者はかなり似通っている（もちろん、両者に重要な違いがあることも事実だが）。第二に、健常な人間ならば誰でも（会話と同じように）音楽の才能に恵まれているということだ。もしこの確信が正しいのならば、ほんの一握りの「才能ある」人びとがその他大勢の「無能」な人びとに音楽を

聴かせることを可能にしている今日の音楽環境は、それが「クラシック」であれ「ポピュラー」であれ、虚偽《きょぎ》に基づいているということになる。これは、私たちが自分たちのために音楽を作る能力が、ハイジャックされているということに他ならない。大勢の人びとは生まれながらの権利である音楽性を奪われていて、その一方で少数のスターたち（そして彼らを操る人びと）が私たちが自分たちに欠けていると思い込んでいる何物かを売りつけて、金と名誉を手に入れているのだ。》

重要な指摘だと思います。「音楽の行為に参入すること」＝音楽「する」ことは、誰にでもできることであり、わたしたちはすべて「音楽の才能に恵まれている」。もしわたしたちが音楽から遠ざけられているならば、それは、ここまでのこの本の文脈で言うならば、鑑賞されるべき「芸術」か、あるいは、売り買いされる価値のある「商品」か、という、この二つの傾向を充たしたものしか「音楽」として認めない、という思い込み／考え方のせいなのではないか、という話ですね。

芸術と商品。クラシックとポップス。この二つは両極端で、しかし、どちらも音楽を「作品」として捉えるための格好のモデルです。「芸術」にも「ポップス」にも、名作と呼ばれるものを中心としたきちんとした「作品」の歴史があって、わたしたちが音楽に関わるということは、その名作の歴史のなかに入り込むということなのだ、という考え方は、まだ根強くわたしたちの社会には残っているように思います。

貴重な美術品だらけのこうした場所では、ひとはどうしてもお行儀が良くなりがちで、確かに、偉大なる芸術品としての「作品」は素晴らしいものですが、自分もそうしたものを作らねば！　そうでなければ、「音楽」をしたことにはならないのだ！　ということになったら、はじめるまえから意気阻喪するのは当たり前ですよね。

このような価値観から離れて、たとえば、話すこととおなじくらいの行為として、音楽をとりあつかうこと。まあ、言いたいことを互いにきちんと話せるようになる、という行為も、国語の勉強をしっかり学ばなければ可能にはならないことだろうと思いますが、「行為としての音楽」＝「ミュージッキング」のための題材を、現行の教科書から引き出すことは可能でしょうか。

バリバリの商品、J-POPを「音楽する」

「行為としての音楽」は、授業のなかではもちろん「表現」の分野に属する題材です。高校の教材にJ-POPが大量に載っているのは、唄うという行為を通して自分たちが「音楽する」ための、とてもよい導線になると思います。

「商品としての音楽」については、教科書では教えないのだ、ということについてはすでに中学校の章で触れました。J-POPはバリバリ現役の「商品」ですが、高校の教科書でこれらは、その魅力を残しながら、しかし、ほどよいかたちで「みんなでその音構造を確認しながら、アンサンブルを楽しむことができる」ような教材に落とし込まれています。

「音楽する」ことのはじめにあり、そしておそらく、多少の差はあれ、わたしたちの一生にわたって続けられる行為は、**唄うことと踊ること**だと思われます。

たとえば、独自の教育理論に基づくシュタイナー学校は、学童教育初年期に、

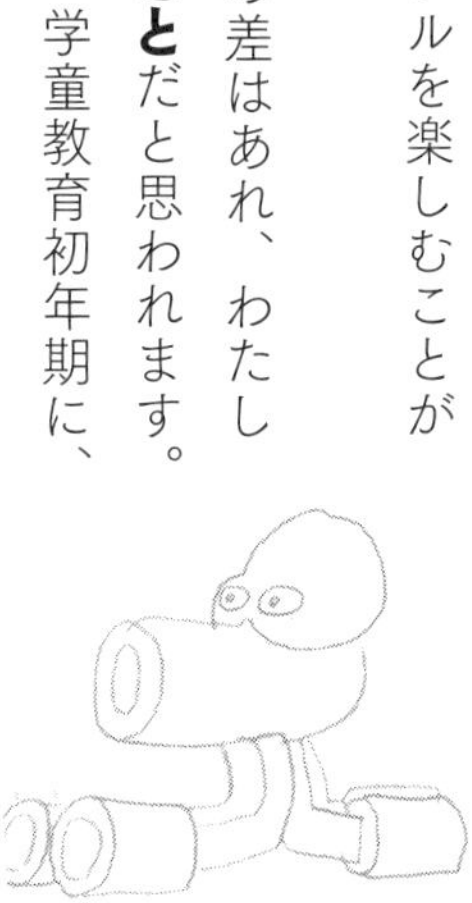

まず、自分の名前を唄い、それに合わせて動き、先生の唄を聴き、真似をし、唄って踊りながら音の分節と高低を体験し、そこから音階を引き出し……といった様に、子供たちの唄と踊りを中心にして音楽の勉強をおこないます。

子供たちに、自分の内側から出てくる音と動きに気付かせ、それに馴染ませ、その特徴を掴ませるところから音楽をはじめる。このように、自分の身体性から切り離さないかたちで身に付けられた音楽は、その外側にある「作品」とは別なかたちで、生涯にわたってその人の財産となるものだと思います。

シュタイナー教育の体系は壮大《そうだい》かつ緻密《ちみつ》なものなので、音楽の部分だけを引っこ抜いて現行の日本の音楽教育でその真似をすることはできませんが、考えてみればわたしたちの音楽教育も、まずは**「うたでなかよしになろう」**といった「行為」からはじめられていたはずです。しかし、それがいつの間にか、「作品」という概念を中心においた、名作を鑑賞したり、演奏したりすることに重きをおいた授業にシフトしてゆく。

歴史上の名作を鑑賞できるようになるのは魅力的なことです。しかし、その魅力は自身の生としっかりと結びつけられたものでなくてはなりません。わた

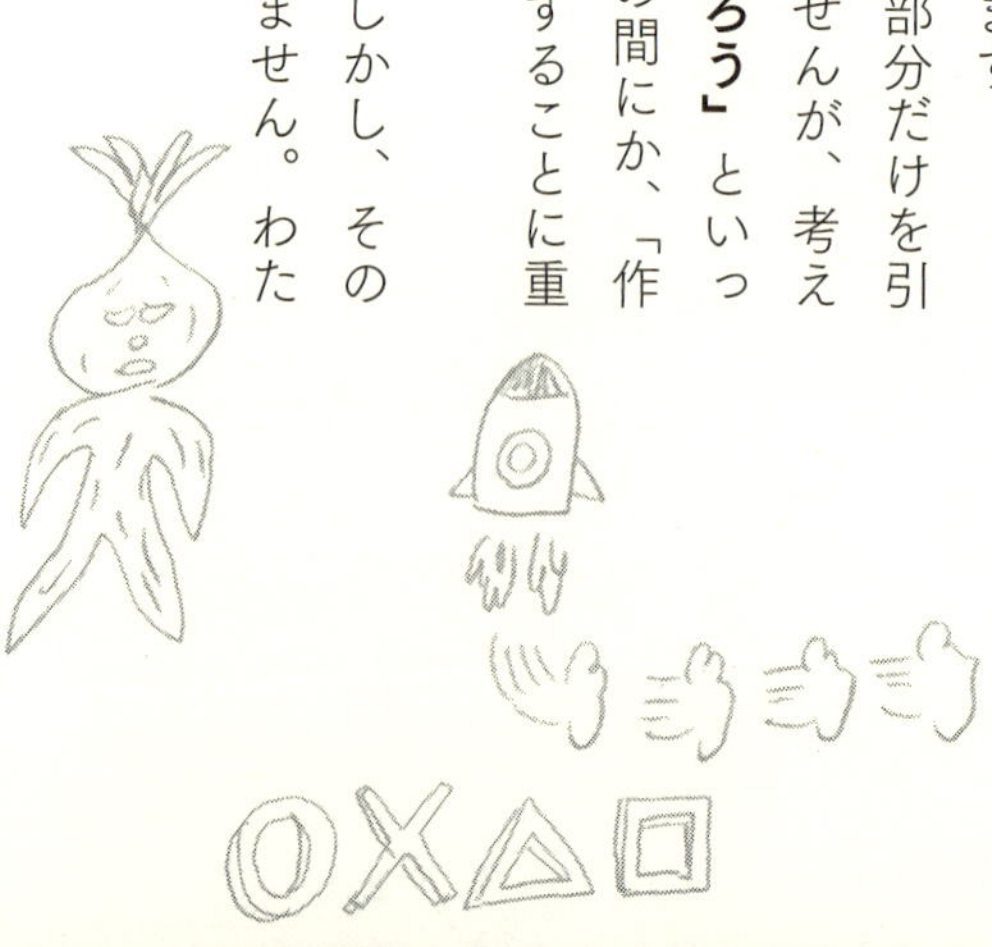

したちは名作に対して、自分たちなりのかたちで唄ったり踊ったりすることで、その魅力に対する返答をおこなう、といった行為を試みるべきだと思います。義務教育における勉強を、そのような能力を育てるための基盤だと考えてみましょう。そして、高校の教科書に掲載されているJ－POPは、そういった返答の練習のためには、相応しい教材になるのではと思います。

譜面、楽曲を手元に引き寄せよう

たとえば、『高校生の音楽3』（音楽之友社）には、「斉唱・二部合唱」という形式で、『花は咲く』（作詞：岩井俊二　作曲：菅野よう子）が掲載されています。編曲は高山直也氏。サビ前のブリッジを二声にし、歌詞とメロディー、およびコードネームを五線譜の上に振った、定石的な形態の譜面です。

この譜面をどのように「音楽する」か。まずは、何人で演奏するか、を決めたいところです。一人だったら、これはもうピアノなりギターなりを弾いて自分で歌うしかありません。現在ではDAWを使って多重録音するという方向性もありますが、ＤＡＷについて考えはじめると授業の枠を超えて、音楽的な可能性が無限になるので、ここでは考えないことにします。一人でおこなう「音楽」に、もう一人、さらに一人と、「音楽する」人が増えただけで、ずいぶんとその譜面を使っておこなうことのできる幅が広がってきます。

楽器での演奏を試みたいなら、エレキ・ベースを誰かが担当してみる。ベースを弾きながら唄うだけで、この楽譜で書かれてあるものに、あらたな器楽と声の二声が足されますね。

また、コードネームは基本的に三つあるいは四つの音を指示しているので、この譜面はそのまま四声の混声合唱にアレンジして演奏することも可能です。ワンフレーズずつ交代で唄ってもいいですし、途中で伴奏を止めて声だけの部分を作ってもいいでしょう。

譜面には書かれていませんが、だいたいこの曲は四小節のイントロが付けられて演奏されることが多いようなので、その部分を録音物を聴いて採譜して作ってみるのも面白いと思います。録音されているヴァージョンをチェックして、他の人たちはどのようにアレンジしているか、この譜面には書かれていないけ

ど、録音では鳴ってる音は他にどんなものがあるのか？　思い切ってドラムスやパーカッションを入れて、景気のいいリズムで演奏してみるのはどうだろう？　唄うだけでなく、振り付けもしてみようか。じゃあ、唄わないで踊るだけのダンサーも入れてみたりして。じゃあ、いっそのこと、歌の前後に朗読なり芝居なりを付けて舞台化しちゃうか……だったら衣装は？　などなど。

　このように、この一曲だけでずいぶんと「音楽する」ことができます。楽曲をよってたかって手元に引き付け、自分たちを表現するのにふさわしい状態に仕立て上げて演奏すること――このような作業のなかで「音楽」は、参加する人たちが自分の個性を十分に発揮するための触媒《しょくばい》として機能することになります。

「ダンスフロア」は「公共」を体験するための最大の素材なのだ

大きな話題になったのでご存知の方も多いと思うのですが、平成二十年度の指導要領の改訂から、中学校の学校体育で「ダンス」が必修になりました。詳しくは、「創作ダンス」「フォークダンス」「現代的なリズムのダンス」という三つで構成され、前の二つは以前から（小学校においても）取り上げられていたものなので、つまり、「現代的なリズムのダンス」というのが新機軸な訳ですね。しかし、「現代的なリズムのダンス」とは……いわゆるポップスで踊る「ダンス」の総称ってことでいいのだと思いますが、気になったので確認してみると、音楽の側からこのような「ダンス」への言及は、つまり、二十年度以降の「音楽の教科書」には、このような体育の課題としての「ダンス」についての言及は一切ありませんでした。

先ほど、「ポップスはリズムから動きはじめる」ということを述べましたが、リズムにはダンスが伴います。ダンスにはリズムが伴う、と逆に言ってもいいでしょう。音楽と踊りは密接に関わっており、異なったリズムには異なったダンスが対応している。なので、**ダンスの勉強には音楽の勉強が不可欠**なのですが、この二つの領域を関係させながら学べるような題材は、**高校生の教科書にも存在していません。**

ダンスは、もっとも容易で、かつ全面的な「ミュージッキング」のひとつです。J-POP表現教材の発展的利用として、その曲でおこなうことのできる「振り付け」および「ステップ」を、たとえば上述した合唱の課題のなかに含ませることは、わたしたちの表現活動をひろげる大切な勉強になると思います。人と一緒に踊り、互いの姿を確認し、互いの違いを確認し、しかし、同じ曲を聴きながら同じ場所にいられるということを確かめあうこと――ダンスがあるフロアを作ることこそ、「公共」とは何かを体験するための最大の題材だと、筆者は思います。

音楽の教科書から、ダンスパーティを開くための題材を探すこと。たくさんの譜面が掲載されている「表現」分野のなかから、このような視点でもって教材を探すことは面白いことなのではと思います。

アメリカのブラック・ミュージック・グループP-FUNKは、派手な衣装を着て堂々とステージに上って、でも別に楽器も持たずにただブラブラして、観客と一緒に好きなようにコーラスしているだけ、というような役割の人間もときどきメンバーに加わっていました。それが彼の「表現」であり、彼らのコンサ

ートの個性なのです。

メロディーとハーモニーとリズムに充たされたダンスフロアは、そういった個性を許容する十分な幅を持っています。合唱とダンスの領域を近づけながら、わたしたちだけができる「音楽」の表現を授業のなかで実現させることは、今後の音楽生活に大きな影響を与える勉強になるのではと思います。

既存《きぞん》の音楽と比較しない／商品価値がなければないほど良い

そして、このような、自分たちのための「ミュージッキング」において大切なのは、最終的なその完成型を、**既存《きぞん》の「芸術」や「ポップス」のそれと比較しない**ことです。Ｊ-ＰＯＰを使ってはじめたものだとしても、みんなの個性でもって、むしろ、それをできるだけＴＶやＣＤの「音楽」から遠ざけるように努力する。

これはとてもむつかしいことですが、ここで生み出したい「音楽の表現」は、

二度と繰り返すことができない、取り替えることのできない、その場だけで成立してあとは消えてしまう、そのような表現を目指すべきです。学校という、これから社会に出る前のわたしたちが仮に暮らしている時間と場所は、そのような「一回切り」の経験を生み出す格好の装置となってくれます。そして、この取替えのきかない経験こそ、音楽によって得られる最高の「徳育」なのではないかと筆者は考えます。

ですから、ここで実現される「音楽」は、極端に言えば、**商品としての価値がなければないほど良い**のです。個人における売り買いできない要素を、積極的に前面に押し出した表現をなるべく採用するように――そのような方向に全員を向かわせるように指導することを、教師は試みてください。

「商品としては価値がない」ものは、「社会的に価値がない」という風潮は、この資本主義社会においてかなり根強い。義務教育の九年間、学校の音楽教育は、社会との――正確に言えば、資本主義との――接点に音楽をおかないことで、音楽が支えることのできる、お金に還元《かんげん》できない価値への志向を表し続けているのだ、と捉《とら》えることはできると思います。

六・三・三の普通教育では、音楽を職業として、つまり、それによって金銭を得て生きてゆくための技術については教えません。国語の教育では本の読み方は教えますが、小説家として食べてゆく方法は教えないのと同じで、「音楽をお金に代える」ためには、学校教育とはまた違った別の勉強が必要になります。

職業としての音楽の勉強は、すでに完成してあるさまざまに体系化された技術を学ぶところからはじまります。そこで求められるのは個性ではなくまず標準であり、現在の商業体系と折り合いをつけてゆくための適応力です。プロフェッショナルとは社会の一部分であり、いつでも社会の求めに応じて同じものが同じように作れる、つまり、極端に言うならば、入れ替えが可能な存在のことです。「音楽を職業にする」とはそのような選択を意味します。

商品としての音楽を作るためには、高度かつ多様な技術が必要となります。それは現在、テクノロジーや経済と結びついて、さまざまに専門的な「職業」を生み出しました。演奏家、編曲家、レコーディング・エンジニア、コンピューターのマニピュレイター、ディレクター……レコード会社の社員さんなどの、商品をパッケージングして売り買いすることに携わっている人や、ライブの現場に携《たずさ》わっている人、音楽について原稿を書く人なども含めると、この本ではとても追いきれないほどさまざまな人が「商品」としての音楽には関わっています。

　義務教育における九年間、わたしたちは学校のなかでは、このような「商品」や「職業」や「経済」からは遠ざけられてきました。高校生という時期は、（——もしかして、いまでは「大学生」という時期も——）この結界に気が付き、その外側にあるものと、これまで教わってきたものとをそこで激しく衝突させることで、これから「大人」として生活してゆくための準備をする期間なのかもしれません。

　音楽は、社会的にはいまは完全に「売り物」として扱われています。しかし、それは学校のなかでは、「崇高な芸術」であり、また、「取替えがきかないわたしの個性の表現」として教えられます。この三つは互いに相矛盾していますが、そのどれもが等しく「音楽」の特質であるのです。

　高校の授業では、このように、置かれた状態によってさまざまな表情を見せ、さまざまな機能を果たす「音楽」というものの多層性に触れ、その矛盾を考えることで、これから出てゆくことになる「社会」について考えてみる――大きく言うならば、そのような授業であって欲しいと筆者は思います。

「音楽の知識」から「ミュージッキング」へ

高校の音楽の授業は選択科目でした。なので、ここで音楽を選んだ生徒は、これまでにある程度以上は音楽の知識を学んできた人が多いだろうと思われます。学校で教わったこと、ピアノの個人レッスンで学んだこと、流行のポップ・チューン、ジブリの映画音楽、部活で練習した管楽器曲、父が聴くジャズ、地元の交響楽団が演奏するブラームス、いとこがハマっているヒップホップ……などなどなど。

彼ら・彼女らがそのようにして触れてきた音楽のおそらくほとんどは、市場が設定している「ジャンル」という枠組みで分割されたかたちで、まず認識されているのではないかと思います。

「J-POP」という言葉は、九〇年代に登場した、比較的あたらしいそのよ

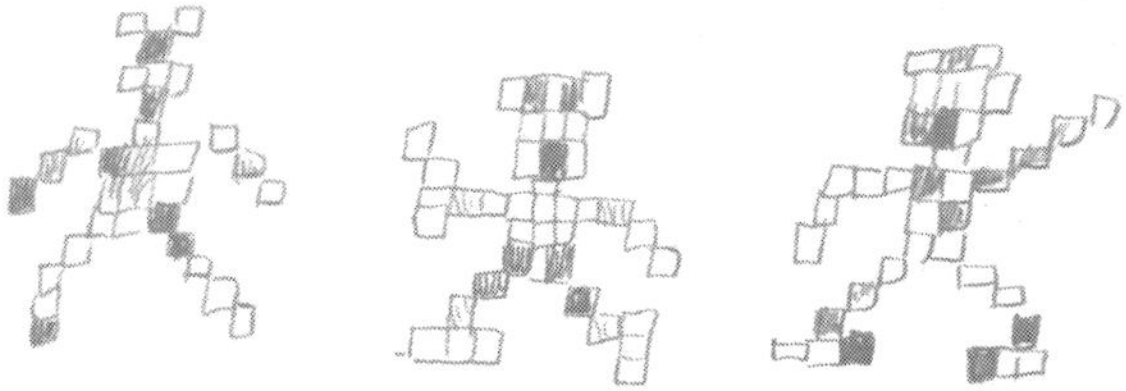

うな「ジャンル」のひとつです。そのような「ジャンル」による分別を、たとえば、共通事項に示された、「音色、リズム、速度、旋律、テクスチャ、強弱、形式、構成」といった要素でもって、ジャンルを横断するようなかたちで分析してみるという授業はどうでしょうか。

そして、また、その音楽の本質が、「共通事項」とは別の要素、つまり、それがやりとりされる現場にあらわれる「現象」とどれくらい関わっているのか。音楽の本質が、譜面の読み書きによる「再現」に重きをおいたものか、それとも、それを演奏する人の個性によるのか、アレンジの変化にあるのか、それとも録音という行為にあるのか、はたまたネットの上の映像が大事なのか……といったことを考え、さらに、教科書に載っているものとそれらがどのように異なっているのか、ということを確かめてみること、そして、それらを実際に自分たちで「やる」ことが可能か、「やる」としたらそれはどのようにやればいいのか、と、実践的に試行錯誤してみる。——このような横断的な授業の試みによって、ここまでこの本で書いてきた、音楽の「教科書には載っていない!」さまざまな側面を意識することが可能になるのではないかと思います。

ここまで、学校で勉強することのできる「音楽」の内容について確認してきました。小学校から高校までの九年間、人間として豊かな生活を送るために必要な、基本的な「教養」として教えられる「音楽」は、その技術的な側面だけ取ってみれば、十分にその後の一生を「音楽しながら」暮らしてゆくことができる内容であると、筆者は思います。必要なのは、その知識や技術をどのように社会人としての生活に結びつけるのか、ということ、そして、その接続のための導線を、「授業」のなかで、教師とともにどれだけたくさん見つけることができるか、ということだと思います。

高校を卒業したのち、生徒たちがどのような進路を辿《たど》るかはまったく未知数ですが、この先、音楽を全然聴かなくなる、ということは、現在のメディア環境を考えれば、それはほぼありえないことなのではないか、と思います。

おりにふれて、学校でおこなった演奏や聴いた音楽などを思い出し、「鑑賞」することで得られる芸術的経験と、「表現」することで得られる「個人」としての悦《よろこ》びの両面から、そして、「商品」となっている音楽が持つ魅力にも惑《まど》わされながら、生涯《しょうがい》にわたって自分たちの「ミュージッキング」を、みなそれぞれが立ち上げられるようになること。そんな授業がおこなわれるようになることを、筆者は何より期待しています。

第3章 まとめ

高校の「音楽の教科書」に書かれていることと、そこで勉強すると面白いだろうことを以下、まとめておきます。

①高校の音楽は、基本は中学までに勉強したものの応用です。リコーダーやギターなどの奏法解説がまた掲載されていますので、各人確認しながら次の段階を目指しましょう。

②小中に比べて格段に文字数が増え、レイアウトも詰め込みで、教材の量は表現・鑑賞・創作すべてにおいて盛りだくさんです。その割に、それぞれの題材の連結方法の指示がないので、これは先生が各人でつないでいかなければならない。先生の負担は大きいと思いますが、楽しい授業のためにぜひ工夫さ

れてください。

③J－POPなど、ポップス系の教材多数です。これをどのように「音楽する」か。学校でしかできないような「表現」に向かう試みを、生徒各人の能力差をそのままステージに乗せるやり方を探しながら、先生方、②と同様にトライしてみてください。

④日本の伝統音楽を、他国の「伝統音楽」と比較して聴いたり演奏したりしながら、同時に「西洋音楽」の特徴を把握し、二十世紀の歴史について、政治的な事柄と「音楽」を見比べながら把握してみると面白いと思います。

⑤また、いろいろに矛盾《むじゅん》している音楽の、そのさまざまな「機能」について考えてみる。

⑥さらに、録音や再生、最新の機材などによる「電化」された音楽の特徴から、さかのぼって、十九世紀の音楽＝教科書でメインに扱っている音楽が共通して持っている「特徴」につ

いて考えてみる。

以上です。多彩な要素に満ちた音楽の教科書をぜひ有効に使いましょう。

これで「高校の音楽の教科書」を終わります。

あとがき

新しい元号は「令和」に決まったそうです。「平成」時代も正式に終わり。元号が変わったからといって、別に日々の生活が急に変わったりすることはありませんが、何はともあれ変化は歓迎です。

本文中では触れなかったのですが、平成年間におけるもっとも大きな教育関係の変化は、平成十八年の教育基本法改定だと思われます。昭和二十二年に制定されてから初の全面改定だそうです。また、平成三十年度から小学校で「道徳」を「教科」として教える授業が始まりました。このような流れの中で、音楽の授業がこれからどのように変化していくのか、いいタイミングで一つの標石《ひょうせき》を置けたのではないかと思って

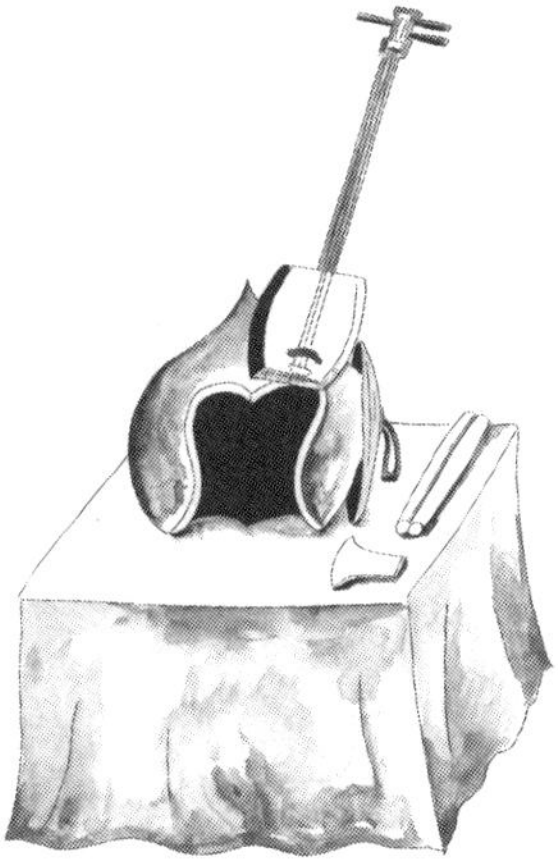

います。

三十年というのは、振り返るにはちょうどよいくらいの長さで、本をまとめながらいろいろなことを思い出しました。

最後に、転載をご許可いただいた各教科書会社のみなさま、イラストレーターの谷端実さん、デザイナーの祖父江慎さんと根本匠さん、編集の清水檀さんおよび資料収集にご協力いただいた方々、その他、お話を聞かせてくれた友人たちに感謝します。

二〇一九年春　大谷記

参照した教科書（すべて発行日が平成であるもの）

- 『小学生の音楽1〜6』（教育芸術社）
- 『音楽のおくりもの1〜6』（教育出版）
- 『新しい音楽1〜6』（東京書籍）
- 『中学音楽　音楽のおくりもの　1、2・3（上下）』（教育出版）
- 『中学器楽　音楽のおくりもの』（教育出版）
- 『中学生の音楽1、2・3（上下）』（教育芸術社）
- 『中学生の器楽』（教育芸術社）
- 『高校生の音楽1〜2』（教育芸術社）
- 『ＭＯＵＳＡ1〜2』（教育芸術社）
- 『Joy of Music』（教育芸術社）
- 『高校生の音楽1〜3』（音楽之友社）
- 『高校音楽Ⅰ〜Ⅱ　Music View』（教育出版）
- 『音楽Ⅲ　（教育出版）』

参考文献

- 文部科学省ＨＰ（http://www.mext.go.jp/）
- 『音楽教育の理論と歴史』（河口道朗著、音楽之友社、一九九一）
- 『クラシック音楽は、なぜ〈鑑賞〉されるのか——近代日本と西洋芸術の受容』（西島千尋著、新曜社、二〇一〇）
- 『音楽教育学概説[新版]』（浜野政雄著、音楽之友社、一九九八）
- 『「音痴」克服の指導に関する実践的研究』（小畑千尋著、多賀出版、二〇〇七）
- 『これでいいのか、音楽教育——指導実践における問題点』（山田浅蔵著・音楽之友社・一九九六）
- 『最新　初等科音楽教育法——小学校教員養成課程用』（初等科音楽教育研究会編、音楽之友社、二〇一八）
- 『初等音楽科教育』（吉田武男監修、笹野恵理子編著、ミネルヴァ書房、二〇一八）
- 『近代はやり唄集』（倉田喜弘編、岩波文庫、二〇一六）
- 『日本の唱歌〔上・中・下〕』（金田一春彦・安西愛子編、講談社文庫、一九七七、七九、八二）
- 『小学校の音楽科における歌唱教材の在り方について』（石井宏美・虫明眞砂子著、岡山大学教師教育センター開発紀要、二〇一一）（http://ousar.lib.okayama-u.ac.jp/files/public/4/44377/20160528063246442226/cted_001_057_068.pdf）
- 『「聴くこと」の革命——ベートーヴェン時代の耳は「交響曲」をどう聴いたか』（マーク・エヴァン・ボンズ著、近藤譲・井上登喜子訳、アルテス・パブリッシング、二〇一五）
- 『シュタイナー学校の音楽の授業——音の体験から音符・楽譜へ』（フェリチタス・ムーへ著、泉本信子・中山やちよ訳、音楽之友社、二〇〇二）
- 『ミュージッキング——音楽は〝行為〟である』（クリストファー・スモール著、野澤豊一・西島千尋訳、水声社、二〇一一）
- 『洋楽事始』（伊沢修二編著、東洋文庫、平凡社、一九七一）
- 『学校で教えてくれない音楽』（大友良英著、岩波新書、二〇一四）

谷川俊太郎《たにかわしゅんたろう》さんからの四つの質問《しつもん》への大谷能生《おおたによしお》さんのこたえ

「何がいちばん大切ですか？」

裏切ること。タイミング。

「誰がいちばん好きですか？」

共演者

「何がいちばんいやですか？」

順路。

「死んだらどこへ行きますか？」

お湯が沸くまでの時間

大谷 能生（おおたに・よしお）1972年生まれ。音楽（サックス、エレクトロニクス、作編曲、トラックメイキング）／批評（ジャズ史、20世紀音楽史、音楽理論など）。1996年～2002年まで音楽批評誌「espresso」を編集・執筆。著書に『貧しい音楽』（月曜社）『持ってゆく歌、置いてゆく歌―不良たちの文学と音楽』（エスクァイアマガジンジャパン）『植草甚一の勉強――1967-1979全著作解題』『ジャズと自由は手をとって（地獄に）行く』（ともに本の雑誌社）『散文世界の散漫な散策――20世紀の批評を読む』（メディア総合研究所）『平岡正明論』（Pヴァイン）など。菊地成孔との共著に『憂鬱と官能を教えた学校（上・下）』『M／D マイルス・デューイ・デイヴィスIII世研究（上・下）』（ともに河出文庫）『東京大学のアルバート・アイラー　東大ジャズ講義録（キーワード編・歴史編）』（文春文庫）『アフロ・ディズニー――エイゼンシュテインから「オタク＝黒人」まで』（文藝春秋）。門松宏明との共著に『大谷能生のフランス革命』（以文社）、瀬川昌久との共著に『日本ジャズの誕生』（青土社）、栗原裕一郎らとの共著に『村上春樹の100曲』ほか共著書多数。
音楽作品としては『Jazz Abstractions』『Jazz Alternative』（ともにBlacksmoker）『「河岸忘日抄」より』『舞台のための音楽2』（ともにHEADS）、『乱暴と待機』（相対性理論と大谷能生名義）などがある。自身のジャズ・プロジェクトMJQTの他、sim、JazzDommunisters、蓮沼執太フィルなど多くのバンドに参加。また、室伏鴻、チェルフィッチュ、マームとジプシーなど、これまで50本以上の舞台作品の音楽を担当している。吉田アミとの「吉田アミ、か、大谷能生」では朗読／音楽／文学的実験をおこなう。山縣太一作・演出・振付の演劇作品『海底で履く靴には紐が無い』『ドッグマンノーライフ』『ホールドミーおよしお』（「2017/Co Rich舞台芸術まつり」にて演技賞受賞）では主演を務める。

平成日本の音楽の教科書

2019年5月15日　初版第1刷発行
2019年9月 5 日　初版第2刷発行

著　者　大谷 能生
発行者　塩浦 暲
発行所　株式会社　新曜社
101-0051　東京都千代田区神田神保町3-9
Tel: 03-3264-4973　Fax: 03-3239-2958
e-mail: info@shin-yo-sha.co.jp
URL: https://www.shin-yo-sha.co.jp/

装画・挿画　谷端 実
ブックデザイン　祖父江 慎＋根本 匠（cozfish）
印刷・製本　中央精版印刷株式会社

よりみちパン!セ
YP08

Printed in JAPAN ISBN 978-4-7885-1613-7 C0095